사기

史记

저자 사마천
편역 정하영

다락원 중한고전대역 12

사기(史记)

저자 사마천
편역 정하영
펴낸이 정규도
펴낸곳 (주)다락원

초판 1쇄 발행 2008년 4월 21일
초판 2쇄 발행 2015년 1월 12일

책임편집 최준희, 홍현정, 신성은
디자인 이수민, 강성애, 공혜경

다락원 경기도 파주시 문발로 211

내용문의: (02)736-2031 내선 430~437
구입문의: (02)736-2031 내선 250~252
Fax: (02)732-2037
출판등록 1977년 9월 16일 제300-1977-23호

Copyright ⓒ 2008, (주)다락원

ISBN 978-89-5995-580-0 18720
      978-89-5995-544-2 (세트)

---

http://www.darakwon.co.kr
• 다락원 홈페이지를 방문하시면 상세한 출판정보와 함께 동영상
  강좌, MP3자료 등 다양한 어학 정보를 얻으실 수 있습니다.

머리말

　　중국은 우리나라와는 다른 언어계통을 가지고 있지만 지리적으로 인접한 까닭에 역사적으로 깊은 문화적 관계를 유지하며 공존하여 왔다. 언어와 민족은 달라도 문자와 문화는 상당부분을 공유하거나 서로 교류하며 찬란한 동방문화를 일구어내던 중세 고전의 시기가 있었다. 하지만 근세 이후 급속하게 진행된 서구세력의 동진과 이데올로기에 의한 분열이라는 현대사의 불행한 시기를 지나면서 서구의 언어와 문화에 매료되고, 한때 중국어는 더할 수 없이 생소한 외국어로 전락한 적이 있었다.

　　그러나 이제 중국은 우리와 가장 가까운 이웃으로 돌아왔으며 최대의 교역 상대국이 되었다. 중국을 이해하고 중국문화를 공부하는 일은 선택이 아니라 이 시대 젊은이의 필수가 되었다고도 할 수 있다. 이제 중국문화의 뿌리 깊은 원류를 이해하고 중국인의 의식구조를 근본적으로 알아내기 위해서는 유구한 역사 속에서 다져진 중국의 고전을 읽는 일이 필수적이다. 중국의 고전은 다행히도 우리에게는 비교적 익숙한 책이기도 하다. 현대 중국과 단절된 시대에도 우리는 같은 중국 고전을 읽고 즐기며 살았다. 중국 고전은 동시에 동아시아 공동의 고전이라고 할 수 있으며 어떤 의미에서는 우리의 선조들이 늘 가까이 접하며 즐기던 우리 고전의 일부라고도 감히 말할 수 있을 것이다.

　　오늘날 중국 고전의 원전을 마음대로 독파할 수 있는 사람은 별로 많지 않다. 그런 의미에서 고전의 정수를 일부 골라내어 현대 중국어의 발음을 달고 번역을 붙여서 대조시킨 대역본의 간행은 이 시점에 매우 시의적절한 일이라고 본다.

　　훈민정음이 창제된 이후에 많은 한문고전이 원전과 한글을 대조시켜 간행되었다. 우리의 선조들이 중국어 공부를 위해 만들어낸 『노걸대老乞大』와 『박통사朴通事』 같은 교재들도 한문원전과 대역시킨 언해본諺解本을 만들어 보다 쉽게 공부할 수 있도록 하였다. 『삼국연의三國演義』나 『수호전水滸傳』 등은 민간에서 별도의 언해본을 만들어 유통시킨 바 있으며 특히 중국소설 최고의 명작으로 인정되는 『홍루몽紅樓夢』은 19세기 말에 조선왕실의 궁중에서 문사 수십 명을 동원하여 원전과 발음, 그리고 번역문을 동시에 수록하는 대역본을 만들어 120회 전체를 120책이라는 방대한 양의 필사본으로 만들어낸 적도 있다. '낙선재樂善齋 번역소설'로 불리는 이 문고에는 수많은 중국소설의 번역 작품이 들어있는데 그렇게 정교한 대역본으로는 『홍루몽』이 유일한 것이었다. 오늘날 대역문고의 출판보다 백여 년이나 앞서 나온 선구라고 할 수 있다.

　　본 다락원 중한고전대역에는 중국고전소설의 중요한 명작을 싣고 있다. 『삼국연의』, 『홍루몽』, 『수호전』, 『서유기西遊記』, 『봉신연의封神演義』는 중국을 대표하는 명작 소설이다. 각각의 작품은 소설사에서 개별 유형의 대표작이기도 하다. 역사소설의 대표작으로서『삼국연의』, 영웅소설이나 사회소설로서의『수호전』, 인정소설 혹은 가정소설이라고도 부를 수 있는『홍루몽』, 신마소설의 대표작인『서유기』와『봉신연의』등을 통해서 독자들은 중국소설의 세계를 한눈에 조망할 수 있을 것이다.『요재지이聊齋志異』는 지괴와 전기의 다양한 환상을 그리고 있는 문언소설의 최고봉이다. 중국고전소설사에서 또 하나의 명작으로 거론되는『금병매金瓶梅』와『유림외사儒林外史』는 여기에 포함되지 못한 아쉬움이 있다. 전자의 경우 중국에서는 여전히 작품 속의 부분적인 성 묘사 내용을 문제삼아 공개적인 소개를 꺼리는 경향이 있지만 사실 세정소설의 대표작으로서 인간의 진솔한 삶을 그리고 있어『홍루몽』의 선구를 이루는 작품이기도 하다. 후자는 전통 지식인들의 다양한 이면세계를 그려내고 있는 풍자소설의 대표작이다.

풍부한 고전세계를 담고 있는 소설과 더불어 수천 년의 중국역사 속에서 인구에 회자하는 역사고사를 담아내고자 역사의 아버지 사마천司馬遷이 엮은『사기史記』를 실었고 또 별도로『고사성어』를 한 권으로 만들었다. 중국어 공부를 위해 만든 대역문고라는 특수성 때문에 보다 많은 작품을 포함시키지 못하고 일부 내용만 실을 수밖에 없는 아쉬움은 있지만 나름대로는 중요한 고전명저를 거의 망라했다고 할 수 있다.

대역본을 만드는 이유는 분명하다. 독자들로 하여금 곧바로 원전의 의미를 이해할 수 있도록 편의를 제공하는 것이다. 원문은 초학자를 위하여 고전의 원문으로부터 일부 개편한 내용을 실었고 현재 중국에서 사용되는 간체자를 사용하고 있으며 한어병음이 친절하게 부기되어 있으므로 독자들은 명작의 감상과 중급 중국어의 학습이라는 두 가지 목표를 동시에 달성할 수 있을 것이다.

본 다락원 중한고전대역의 역자들은 대부분 이 분야에서 깊이 연구한 전공자들이며 현재 학계에서 활약하는 신진 학자들이다. 각 분야의 고전명저를 소개하고 번역하는 데 손색이 없다고 본다. 필자와는 오랜 학문적 인연을 지니고 있는데다 진작부터 이러한 대역본의 출현을 고대하던 필자로서는 더욱 기쁜 마음으로 서문을 쓰는 바이다.

연홍헌(研紅軒)에서 최용철

01 작품 소개

한漢나라 때 사마천司馬遷이 지은 역사서로, 상고시대인 황제黃帝 때부터 한漢 무제武帝 때까지 약 2600년간의 기록을 담고 있는 통사通史이다. 본기本紀 12편, 세가世家 30편, 서書 8편, 표表 10편, 열전列傳 70편 등 총 130편으로 구성되어 있다.

본기本紀는 중국 역사의 시작인 하夏, 은殷, 주周 시대와, 우리에게 잘 알려진 인물인 진시황秦始皇, 항우項羽, 한고조 유방劉邦 등 제왕帝王의 일을 기록하고 있다. 세가世家는 제후왕諸侯王 등 중요 인물에 대한 기록인데, 공자孔子 세가도 그 중 한 편이다. 서書는 예, 악, 천문, 역법, 법률, 도량형, 화폐 유통, 제사 등 문물과 제도에 관한 기록으로 당시 사회상을 엿볼 수 있다. 표表는 각 조대의 역사를 연보年譜의 형식으로 기록한 연표이다. 열전列傳은 제왕이나 제후가 아니면서 한 시대에 이름을 드러낸 여러 계층의 인물들에 대한 기록으로, 그 생동감 있는 구성과 내용 전개로 문학적 가치를 인정받고 있다.

역사서의 측면에서『사기』는 사건과 인물 중심의 서술방식인 기전체紀傳體의 전범이 되었고, 문학적 측면에서는 전기문학의 조종祖宗이 되고 있으며, 현재까지 상용常用되고 있는 수많은 고사성어故事成語의 산실이기도 하다.

02 작자 소개

지은이 사마천(司馬遷, BC 145~BC 86?)

자字는 자장子長으로, 용문龍門(현재의 섬서성陝西省 한성현韓城縣) 출신이다. 태사령太史令을 지낸 사마담司馬談의 아들이다.

그는 스무 살때부터 호남湖南, 산동山東, 하남河南 등지를 유람하였다. 또 무제武帝의 태산泰山 봉선封禪 의식을 수행하는 등 사천四川과 운남雲南 등 남북을 두루 다니며 각지의 풍속과 사료를 수집하고 견문을 넓혔다. BC 110년에 아버지가 죽자 아버지의 유업을 계승, 태사령이 되어 황실 도서에서 자료를 수집하고,『사기』저술에 착수하였다. 그러나 BC 99년 사기를 저술하던 중, 흉노와의 전투에서 포로가 되어 부득이하게 투항한 장수 이릉李陵의 애국충정에 감복되어 그를 변호하다 무제의 비위를 건드려 궁형宮刑을 받고 투옥된다.

사마천은 옥에서도 사기 저술에 매진하였으며, 황제의 신임을 회복하여 중서령中書令까지 이르게 된다. 그는 환관宦官 신분으로 온갖 어려움을 극복하고 대를 이어 계속되었던 불후의 저작『사기』를 완성하였다.

차 례

일러두기

1. 이 책의 번역은 대역문고의 성격을 살리고자, 어색한 한국어를 피하는 수준에서 직역 위주로 번역하였다.

2. 이 책의 표기는 다음과 같은 규칙을 따랐다.
   ① 이 책에 등장하는 인명 및 지명, 고유명사는 한자독음대로 표기하였다.

   예 商鞅 상앙   昭关 소관

   ② 이 책의 한어병음 표기와 어휘의 뜻은 『中韓辭典』(고대민족문화연구소 편)과 『应用汉语词典』(商务印书馆 편)에 따라 표기하였다. 단, 일부 경성 표기나 병음 띄어쓰기의 경우 예외를 두었다.

3. 오디오 CD에는 사기 본문 전체와 실력 다지기의 듣기문제가 녹음되어 있다.

사기

史记

烽火戏诸侯

周朝有个昏君叫周幽王。周幽王整天不去
Zhōucháo yǒu ge hūnjūn jiào Zhōu Yōuwáng. Zhōu Yōuwáng zhěngtiān bú qù

处理国家大事，光知道吃喝玩乐，还派人在全国各
chǔlǐ guójiā dàshì, guāng zhīdao chī hē wán lè, hái pài rén zài quánguó gè-

地到处寻找漂亮女子，供他玩乐。
dì dàochù xúnzhǎo piàoliang nǚzǐ, gōng tā wánlè.

一天，有人向幽王进献一个十分漂亮的姑娘。
Yì tiān, yǒurén xiàng Yōuwáng jìnxiàn yí ge shífēn piàoliang de gūniang.

这姑娘叫褒姒，生得花容月貌，非常好看，又很会
Zhè gūniang jiào Bāosì, shēng de huā róng yuè mào, fēicháng hǎokàn, yòu hěn huì

唱歌跳舞。周幽王很快就被这女子迷住了，他整天
chàng gē tiào wǔ. Zhōu Yōuwáng hěn kuài jiù bèi zhè nǚzǐ mízhù le, tā zhěngtiān

陪着褒姒玩，国家大事更不放在心上了。
péi zhe Bāosì wán, guójiā dàshì gèng bú fàng zài xīnshang le.

봉화로 제후를 놀리다

주(周)왕조에 주유왕(周幽王)이라는 어리석은 군주가 있었다. 주유왕은 하루종일 국가대사는 처리하지 않고 그저 먹고 마시고 놀며 즐길 줄만 알았다. 또 전국 각지로 사람을 보내 자신에게 즐거움을 주도록 예쁜 여자를 찾아다니게 했다.

하루는 어떤 사람이 유왕에게 매우 아리따운 한 아가씨를 바쳤다. 이 아가씨는 이름이 포사(褒姒)라고 했는데, 꽃다운 얼굴과 달 같은 자태를 뽐낼 정도로 매우 아름다웠고, 또한 노래도 잘 부르고 춤도 잘 추었다. 주유왕은 금세 이 여자에게 매료되어 하루종일 포사를 데리고 놀며, 국가대사는 더욱 신경 쓰지 않게 되었다.

烽火 fēnghuǒ 봉화 | **戏** xì 놀다, 장난치다, 조롱하다 | **昏君** hūnjūn 아둔한 군주 | **吃喝玩乐** chī hē wán lè 먹고 마시고 놀며 즐기다, 향락을 추구하면서 세월을 보내다 | **到处** dàochù 도처, 이르는 곳, 곳곳 | **寻找** xúnzhǎo 찾다 | **供** gōng 제공하다 | **玩乐** wánlè 유희 | **进献** jìnxiàn 바치다, 진상하다 | **十分** shífēn 매우 | **生** shēng 생기다, 자라나다 | **花容月貌** huā róng yuè mào 꽃다운 얼굴과 달 같은 자태 | **迷住** mízhù 홀리다, 미혹시키다 | **陪** péi 모시다, 동반하다

可是这褒姒脾气却十分古怪，她虽受到国君的
Kěshì zhè Bāosì píqi què shífēn gǔguài, tā suī shòudào guójūn de

宠爱，但显得并不高兴，整天阴沉着脸，始终没有
chǒng'ài, dàn xiǎnde bìng bù gāoxìng, zhěngtiān yīnchén zhe liǎn, shǐzhōng méiyǒu

露过一次笑容。周幽王为了讨她的欢心，想尽办法
lù guo yí cì xiàoróng. Zhōu Yōuwáng wèile tǎo tā de huānxīn, xiǎngjìn bànfǎ

让她笑，可她就是不笑。
ràng tā xiào, kě tā jiùshì bú xiào.

周幽王还在全国悬赏：谁有办法让王妃娘
Zhōu Yōuwáng hái zài quánguó xuánshǎng : Shéi yǒu bànfǎ ràng wángfēi niáng-

娘开口一笑，赏黄金千两。可过了一段时间，仍然
niang kāikǒu yí xiào, shǎng huángjīn qiān liǎng. Kě guò le yíduàn shíjiān, réngrán

没有效果。
méiyǒu xiàoguǒ.

这时，朝廷里一个专会拍马屁的大臣想出一个
Zhèshí, cháotíngli yí ge zhuān huì pāi mǎpì de dàchén xiǎngchū yí ge

鬼主意来。
guǐzhǔyì lái.

原来，周王朝为了防备西部一个叫犬戎的民族
Yuánlái, Zhōu wángcháo wèile fángbèi xībù yí ge jiào Quǎnróng de mínzú

的进攻，在国内建了许多烽火台，每隔几里路就有
de jìngōng, zài guónèi jiàn le xǔduō fēnghuǒtái, měi gé jǐ lǐ lù jiù yǒu

一个。
yí ge.

하지만 포사는 성격이 매우 괴상하여, 비록 군왕의 총애를 받았지만 전혀 기쁜 기색이 없었고, 하루종일 어두운 얼굴을 하고 시종일관 한 번도 웃음을 보이지 않았다. 주유왕은 그녀의 환심을 사기 위하여 갖은 방법으로 그녀를 웃게 하려 했지만 그녀는 좀처럼 웃지 않았다.

주유왕은 전국에 상까지 내걸었다. '누구라도 왕비를 웃게 할 방법이 있다면 황금 천 냥을 상으로 내리겠다.' 하지만 얼마간의 시간이 흘렀지만 여전히 효력이 없었다.

이때 조정에서는 오로지 아부에만 능한 한 대신이 음흉한 생각을 떠올렸다.

원래 주왕조는 견융(犬戎)이라는 서부 민족의 공격을 방비하기 위하여 국내에 수많은 봉화대를 세웠는데, 몇 리마다 하나씩 있었다.

脾气 píqi 성격, 성깔 │ 古怪 gǔguài 기이하다 │ 国君 guójūn 국군, 국왕 │ 宠爱 chǒng'ài 총애하다 │ 显得 xiǎnde ~인 것처럼 보이다 │ 阴沉 yīnchén 어둡다 │ 始终 shǐzhōng 늘, 항상 │ 露 lù 드러나다[드러내다] │ 笑容 xiàoróng 웃는 표정 │ 讨 tǎo 사다, 받다 │ 欢心 huānxīn 환심 │ 想尽 xiǎngjìn 생각할 수 있는 한 끝까지 다 생각해 보다 │ 办法 bànfǎ 방법 │ 悬赏 xuánshǎng 상을 걸다 │ 王妃 wángfēi 왕비, 왕후 │ 娘娘 niángniang 황후, 귀비 │ 两 liǎng 량[무게 단위] │ 仍然 réngrán 여전히 │ 专 zhuān 전문적으로, 오로지 │ 拍马屁 pāi mǎpì 아첨하다 │ 鬼注意 guǐzhǔyì 음험한 계략 │ 隔 gé 간격을 두다

烽火台是专门用来报警的，如果有敌人入侵，
Fēnghuǒtái shì zhuānmén yònglái bàojǐng de, rúguǒ yǒu dírén rùqīn,

把守第一道关的兵士就在烽火台上放起火来，把守
bǎshǒu dì-yī dào guān de bīngshì jiù zài fēnghuǒtáishang fàngqǐ huǒ lái, bǎshǒu

第二道关的兵士见到烟火，也把烽火点起来。这样
dì-èr dào guān de bīngshì jiàndào yānhuǒ, yě bǎ fēnghuǒ diǎn qǐlái. Zhèyàng

一个接一个传下去，各地的诸侯见到烽火，就会立
yí ge jiē yí ge chuán xiàqù, gèdì de zhūhóu jiàndào fēnghuǒ, jiù huì lì-

刻率军来帮助国王打仗。
kè shuài jūn lái bāngzhù guówáng dǎzhàng.

这位马屁大臣向周幽王献计说："现在天下太
Zhè wèi mǎpì dàchén xiàng Zhōu Yōuwáng xiànjì shuō : "Xiànzài tiānxià tài-

平，烽火台一直派不上用场。不如我们把烽火台点
píng, fēnghuǒtái yìzhí pài bu shàng yòngchǎng. Bùrú wǒmen bǎ fēnghuǒtái diǎn

起来，附近的诸侯看到烽火，一定会率领兵马前来
qǐlái, fùjìn de zhūhóu kàndào fēnghuǒ, yídìng huì shuàilǐng bīngmǎ qiánlái

助战。到那时，您与王妃娘娘坐在高处观看，王妃
zhùzhàn. Dào nàshí, nín yǔ wángfēi niángniang zuò zài gāochù guānkàn, wángfēi

娘娘见到这样的场面一定会笑起来的。"
niángniang jiàndào zhèyàng de chǎngmiàn yídìng huì xiào qǐlái de."

周幽王听了，高兴得拍手叫道："这个主意好
Zhōu Yōuwáng tīng le, gāoxìng de pāishǒu jiào dào : "Zhè ge zhǔyi hǎo

极了，今晚就要点烽火！"
jíle, jīnwǎn jiù yào diǎn fēnghuǒ!"

　　봉화대는 전적으로 긴급 신호를 보내기 위한 것이다. 만약 적이 침입하면 첫번째 관문을 지키는 병사가 봉화대에 불을 피우고, 두번째 관문을 지키는 병사가 연기를 보고 또 봉화를 피운다. 이렇게 하나 하나 이어 전해지는데, 각지의 제후들이 봉화를 보고 즉시 군대를 이끌고 국왕의 전투를 도우러 오는 것이다.

　　이 아부 대신은 주유왕에게 계책을 올리며 말했다. "지금은 천하가 태평하여 봉화대가 내내 쓸모가 없습니다. 그럴 바에야 우리가 봉화대에 불을 피우는 것입니다. 그러면 부근의 제후들이 봉화를 보고 분명히 병마를 이끌고 전쟁을 도우러 올 것입니다. 그때 군왕과 왕비마마께서는 높은 곳에 앉아서 구경을 하십시오. 왕비마마가 이런 광경을 보시면 분명 웃으실 것입니다."

　　주유왕이 듣고 기뻐서 손뼉을 치며 외쳤다. "그거 아주 좋은 생각이오. 오늘밤에 바로 봉화를 올리시오!"

专门 zhuānmén 오로지 ｜ 用来 yònglái (~에) 쓰다 ｜ 报警 bàojǐng 경보나 긴급 신호를 보내다 ｜ 敌人 dírén 적(敵) ｜ 入侵 rùqīn 침입하다 ｜ 率 shuài 거느리다 ｜ 献计 xiànjì 계책을 올리다 ｜ 派用场 pài yòngchǎng 도움이 되다. 유용하게 쓰다 ｜ 不如 bùrú ~하는 편이 낫다 ｜ 前来 qiánlái 다가오다. 저쪽으로부터 오다 ｜ 助战 zhùzhàn 전쟁[싸움]을 돕다 ｜ 拍手 pāishǒu 박수치다

晚上，幽王和褒姒登上附近的高山，下令将烽
Wǎnshang, Yōuwáng hé Bāosì dēngshàng fùjìn de gāoshān, xiàlìng jiāng fēng-

火点燃。临近的诸侯看到警报，真以为犬戎攻打过
huǒ diǎnrán. Línjìn de zhūhóu kàndào jǐngbào, zhēn yǐwéi Quǎnróng gōngdǎ guò-

来了，便带领兵马向都城赶来。没想到这里根本就
lái le, biàn dàilǐng bīngmǎ xiàng dūchéng gǎnlái. Méi xiǎngdào zhèlǐ gēnběn jiù

没有敌情，只听到附近山上传来弹琴唱歌的声音。
méiyǒu díqíng, zhǐ tīngdào fùjìn shānshang chuánlái tán qín chàng gē de shēngyīn.

这些诸侯兵马又累又饿，知道自己上了当，都很不
Zhèxiē zhūhóu bīngmǎ yòu lèi yòu è, zhīdao zìjǐ shàng le dàng, dōu hěn bù

高兴，连夜赶了回去。
gāoxìng, liányè gǎn le huíqù.

王妃褒姒在高山上望见这些诸侯兵马十分狼
Wángfēi Bāosì zài gāoshānshang wàngjiàn zhèxiē zhūhóu bīngmǎ shífēn láng-

狈的样子，果然大笑起来。
bèi de yàngzi, guǒrán dàxiào qǐlái.

　밤에 유왕과 포사는 부근의 높은 산에 오른 다음 봉화를 피우라고 명령하였다.
인근의 제후들이 경보를 보고 정말로 견융이 공격해 오는 것이라고 여기고 병마
를 이끌고 도성으로 서둘러 왔다. 뜻밖에 이곳에는 아무런 적군의 움직임이 없었
고, 그저 부근 산 위에서 가야금 타고 노래 부르는 소리만 들려올 뿐이었다. 제후
와 병마는 지치고 배고팠고, 자신들이 속았다는 것을 깨닫자 모두 불쾌해하며 밤
새껏 돌아갔다.
　왕비 포사는 높은 산에서 제후와 병마가 매우 낭패한 모습을 보고는 생각한대
로 웃음을 터뜨렸다.

点燃 diǎnrán 불을 붙이다　ǀ　临近 línjìn (시간·거리상) 근접하다　ǀ　警报 jǐngbào 경보　ǀ　攻打
gōngdǎ 공격하다　ǀ　带领 dàilǐng 인솔하다　ǀ　都城 dūchéng 수도, 도읍지　ǀ　敌情 díqíng 적군의
정황　ǀ　弹琴 tán qín 거문고를 타다[연주하다]　ǀ　上当 shàng dàng 속다　ǀ　连夜 liányè 밤새도록
ǀ　望见 wàngjiàn 멀리 바라보다　ǀ　狼狈 lángbèi 낭패하다　ǀ　果然 guǒrán 과연, 생각한대로

幽王见褒姒露了笑脸，就赏给那位马屁大臣黄
Yōuwáng jiàn Bāosì lù le xiàoliǎn, jiù shǎnggěi nà wèi mǎpì dàchén huáng-

金千两。
jīn qiān liǎng.

后来，幽王越来越宠爱褒姒，干脆把原来的王
Hòulái, Yōuwáng yuèláiyuè chǒng'ài Bāosì, gāncuì bǎ yuánlái de wáng-

后和太子都废了，改立褒姒为王后，并将褒姒生的
hòu hé tàizǐ dōu fèi le, gǎi lì Bāosì wéi wánghòu, bìng jiāng Bāosì shēng de

儿子伯服立为太子。原先那位王后的父亲是位诸侯
érzi Bófú lì wéi tàizǐ. Yuánxiān nà wèi wánghòu de fùqīn shì wèi zhūhóu-

王，他听到这个消息，就暗中联合犬戎，一起向周
wáng, tā tīngdào zhè ge xiāoxi, jiù ànzhōng liánhé Quǎnróng, yìqǐ xiàng Zhōu-

朝的首都攻来。
cháo de shǒudū gōnglái.

幽王听到犬戎进攻的消息，十分害怕，连忙下
Yōuwáng tīngdào Quǎnróng jìngōng de xiāoxi, shífēn hàipà, liánmáng xià-

令点燃烽火。可是那些诸侯都没有把这警报当回事，
lìng diǎnrán fēnghuǒ. Kěshì nàxiē zhūhóu dōu méiyǒu bǎ zhè jǐngbào dāng huí shì,

没有派救兵来。
méiyǒu pài jiùbīng lái.

犬戎兵马打进都城，把周幽王、太子伯服，还
Quǎnróng bīngmǎ dǎjìn dūchéng, bǎ Zhōu Yōuwáng、tàizǐ Bófú, hái-

有那位马屁大臣都杀了，褒姒也给抢走了。
yǒu nà wèi mǎpì dàchén dōu shā le, Bāosì yě gěi qiāngzǒu le.

유왕은 포사가 웃음 짓는 것을 보고 그 아부 대신에게 황금 천 냥을 내주었다.

후에 유왕은 더욱더 포사를 총애하여, 아예 원래의 왕후와 태자를 모두 폐하고 포사를 왕후로 세웠고, 또 포사가 낳은 아들 백복(伯服)을 태자로 삼았다. 원 왕후의 부친은 제후왕이었는데, 이 소식을 듣고는 은밀히 견융과 연합하여 같이 주 왕조의 수도를 공격해 왔다.

유왕은 견융이 쳐들어온다는 소식을 듣고 매우 두려워 서둘러 봉화를 올리라고 명하였다. 하지만 제후들은 모두 이 경보에도 별일 아니라고 여기고 구원병을 보내오지 않았다.

견융의 병마가 도성을 공격해 들어와 주유왕, 태자 백복, 그리고 그 아부 대신을 모두 죽이고 포사도 빼앗아 갔다.

越来越 yuèláiyuè 점점 더 | 干脆 gāncuì 아예 | 废 fèi 파면하다, 내쫓다 | 立 lì (후계자를) 세우다, 확정하다 | 原先 yuánxiān 원래 | 暗中 ànzhōng 암암리에, 몰래, 은밀히 | 连忙 liánmáng 얼른, 급히, 재빨리 | 当事 dāng shì 어떤 일을 당하다 | 抢 qiǎng 빼앗다, 탈취하다

老马识途

春秋时期，齐桓公带领军队征伐一个叫做孤竹
Chūnqiū shíqī, Qí Huángōng dàilǐng jūnduì zhēngfá yí ge jiào zuò Gūzhú-

国的小国。
guó de xiǎoguó.

一天晚上，齐桓公安营下寨，打算休息一夜，
Yì tiān wǎnshang, Qí Huángōng ān yíng xià zhài, dǎsuan xiūxi yí yè,

第二天再去攻打孤竹国。忽然听到将士报告："孤
dì-èr tiān zài qù gōngdǎ Gūzhúguó. Hūrán tīngdào jiàngshì bàogào : "Gū-

竹国大将黄花求见。"
zhúguó dàjiàng Huáng Huā qiújiàn."

齐桓公十分纳闷儿。心想：他来做什么？他叫
Qí Huángōng shífēn nàmènr. Xīn xiǎng : Tā lái zuò shénme? Tā jiào

人把黄花带了进来。
rén bǎ Huáng Huā dài le jìnlái.

只见黄花跪倒在地，谦卑地说："大王，我自
Zhǐjiàn Huáng Huā guìdǎo zài dì, qiānbēi de shuō : "Dàwáng, wǒ zì

知不是您的对手，但我们大王不听我良言相劝，带
zhī búshì nín de duìshǒu, dàn wǒmen dàwáng, bù tīng wǒ liángyán xiāngquàn, dài

着百姓请救兵去了。我来投降，情愿在大王手底下
zhe bǎixìng qǐng jiùbīng qù le. Wǒ lái tóuxiáng, qíngyuàn zài dàwáng shǒu dǐxià

当个小卒子，为您带路，追赶逆贼。"
dāng ge xiǎo zúzi, wèi nín dàilù, zhuīgǎn nìzéi."

늙은 말이 길을 알다

춘추(春秋) 시대에 제환공(齊桓公)은 군대를 이끌고 고죽국(孤竹國)이라는 소국을 정벌하였다.

어느 날 밤, 제환공은 막사를 치고 주둔하며, 하룻밤을 쉬고 이튿날 다시 고죽국을 공격하러 갈 생각이었다. 갑자기 장수의 보고가 들렸다. "고죽국 대장 황화(黃花)가 뵙기를 청합니다."

제환공은 매우 꺼림직해하며 생각했다. '왜 온 거지?' 그는 황화를 데리고 들어오라고 했다.

황화는 땅에 꿇어 엎드리고는 공손하게 말했다. "대왕, 저는 당신의 적수가 되지 못함을 잘 압니다. 하지만 우리 대왕은 제가 좋은 말로 권고해도 듣지 않고, 백성을 데리고 구원병을 요청하러 갔습니다. 저는 투항하러 왔으니, 대왕 밑에서 군졸이 되어 대왕을 위해 길을 안내하며 역적을 추격하기를 간절히 원합니다."

征伐 zhēngfá 토벌(하다), 정벌(하다) | 安营下寨 ān yíng xià zhài 병영을 설치하고 주둔하다 | 将士 jiàngshì 장교와 병사, 장병 | 求见 qiújiàn 면회를 신청하다, 회견을 요청하다 | 纳闷儿 nàmènr 의심이 생겨 마음이 답답하다 | 跪倒 guìdǎo 무릎을 꿇다, 꿇어 엎드리다 | 谦卑 qiānbēi 겸손하게 자기를 낮추다 | 良言 liángyán 도움이 되는 말 | 相劝 xiāngquàn 권고하다 | 情愿 qíngyuàn 진심으로 원하다 | 卒子 zúzi 병졸 | 带路 dàilù 길 안내하다 | 追赶 zhuīgǎn (뒤)쫓다, 쫓아가다 | 逆贼 nìzéi 역적, 반역자

齐桓公和他的大将管仲商量了一阵，断定
Qí Huángōng hé tā de dàjiàng Guǎn Zhòng shāngliáng le yízhèn, duàndìng

黄花说的是真话，他们便把黄花留下来了。
Huáng Huā shuō de shì zhēnhuà, tāmen biàn bǎ Huáng Huā liú xiàlái le.

第二天，齐桓公跟着黄花进了孤竹国的都城，
Dì-èr tiān, Qí Huángōng gēn zhe Huáng Huā jìn le Gūzhúguó de dūchéng,

果然是一座空城。他更加相信黄花了。
guǒrán shì yí zuò kōngchéng. Tā gèngjiā xiāngxìn Huáng Huā le.

齐桓公高兴地对黄花说："你果真没骗我。等
Qí Huángōng gāoxìng de duì Huáng Huā shuō : "Nǐ guǒzhēn méi piàn wǒ. Děng

我们大功告成之后，一定给你记功！"
wǒmen dà gōng gào chéng zhīhòu, yídìng gěi nǐ jìgōng!"

黄花继续带领齐国军队，浩浩荡荡地一路追
Huáng Huā jìxù dàilǐng Qíguó jūnduì, hàohàodàngdàng de yílù zhuī-

去。天色渐渐暗下来，到了该点灯的时候，他们来
qù. Tiānsè jiànjiàn àn xiàlái, dào le gāi diǎn dēng de shíhou, tāmen lái-

到了一个地方。
dào le yí ge dìfang.

只见黄沙一片，一望无际，就像浩瀚的大海，
Zhǐjiàn huángshā yípiàn, yí wàng wú jì, jiù xiàng hàohàn de dàhǎi,

即使是在晴天白日，也分不出东南西北。
jíshǐ shì zài qíngtiān báirì, yě fēn bu chū dōng nán xī běi.

　　제환공과 그의 대장 관중(管仲)은 한바탕 의논을 하고, 황화가 하는 말이 진실이라고 결론을 내리고 황화를 남아 있도록 했다.

　　이튿날, 제환공은 황화를 따라 고죽국의 도성으로 들어갔고, 과연 빈 성이었다. 그는 더더욱 황화를 믿게 되었다.

　　제환공은 기뻐하며 황화에게 말했다. "너는 정말로 나를 속이지 않았구나. 우리가 큰 성공을 거둔 뒤에 반드시 너의 공적을 남기리라!"

　　황화는 제나라 군대를 이끌고 거침없이 계속 추격해 갔다. 하늘이 점점 어두워져 등을 켜야 할 시간이 되었을 때, 그들은 어떤 곳에 이르렀다.

　　그곳은 누런 모래가 끝없이 펼쳐져 마치 큰 바다 같은 것이, 날이 맑은 대낮이라 하더라도 방향을 분간할 수 없을 정도였다.

商量 shāngliáng 상의하다, 의논하다 ｜ 断定 duàndìng 단정(하다), 결론(을 내리다) ｜ 果真 guǒzhēn 진실로, 과연 ｜ 大功告成 dà gōng gào chéng 큰일이 이루어짐을 알리다, 큰 성공을 거두다 ｜ 记功 jìgōng 공로를 인정하다 ｜ 浩浩荡荡 hàohaodàngdàng 위풍당당하다 ｜ 天色 tiānsè 일기(의 변화), 날씨 ｜ 一望无际 yí wàng wú jì 끝없이 넓다 ｜ 浩瀚 hàohàn 광대하다, 무수히 많다 ｜ 即使 jíshǐ 설령[설사] ～하더라도[할지라도, 일지라도]

齐桓公和管仲急得团团转，赶紧去找黄花。
Qí Huángōng hé Guǎn Zhòng jí de tuántuánzhuàn, gǎnjǐn qù zhǎo Huáng Huā.

可哪儿还有他的影子呢？原来，黄花假装投降，
Kě nǎr hái yǒu tā de yǐngzi ne? Yuánlái, Huáng Huā jiǎzhuāng tóuxiáng,

他把齐国的军队引入"迷谷"就跑了。
tā bǎ Qíguó de jūnduì yǐnrù "mígǔ" jiù pǎo le.

齐桓公气得咬牙切齿，他对管仲说："都怪我
Qí Huángōng qì de yǎo yá qiè chǐ, tā duì Guǎn Zhòng shuō : "Dōu guài wǒ

轻信了他，中了他的诡计。现在怎么办呢？"
qīngxìn le tā, zhòng le tā de guǐjì. Xiànzài zěnme bàn ne?"

管仲镇静地向四处望了望，说："我听说北
Guǎn Zhòng zhènjìng de xiàng sìchù wàng le wàng, shuō : "Wǒ tīngshuō běi-

方有个'旱海[1]'，是个很险要的地方，恐怕就是这
fāng yǒu ge 'Hànhǎi', shì ge hěn xiǎnyào de dìfang, kǒngpà jiùshì zhè-

里。大王，千万不可再往前去了。"
lǐ. Dàwáng, qiānwàn bù kě zài wǎng qián qù le."

天色越来越暗，刺骨的北风卷着黄沙呼呼地
Tiānsè yuèláiyuè àn, cìgǔ de běifēng juǎn zhe huángshā hūhū de

刮着。大伙儿冻得直打哆嗦。好容易盼到了天亮，
guā zhe. Dàhuǒr dòng de zhí dǎ duōsuo. Hǎoróngyì pàndào le tiānliàng,

可有什么用呢？眼前还是黄黄的一片沙地，罩着灰
kě yǒu shénme yòng ne? Yǎnqián háishì huánghuáng de yípiàn shādì, zhào zhe huī-

蒙蒙的一层雾气，路在哪儿呢？
méngméng de yì céng wùqì, lù zài nǎr ne?

大伙儿都垂头丧气，懒洋洋地坐在沙地上，不
Dàhuǒr dōu chuí tóu sàng qì, lǎnyángyáng de zuò zài shādìshang, bù

知怎么办才好。
zhī zěnme bàn cái hǎo.

제환공과 관중은 초조해져서 허둥거리며 급히 황화를 찾았다. 하지만 어디 아직 그의 모습이 있겠는가? 알고 보니 황화는 거짓 투항한 것으로, 그는 제나라 군대를 '미곡(迷谷)'으로 유인하고 도망간 것이었다.

제환공은 분해서 이를 갈며 관중에게 말했다. "모든 것이 내가 그를 경솔히 믿어 그의 계략에 넘어간 탓이요. 이제 어쩌면 좋겠소?"

관중은 마음을 가라앉히고 사방을 둘러보며 말했다. "제가 듣기에 북방에는 '한해(旱海)'라고 하는 매우 험준한 곳이 있는데 아마 이곳인 듯 싶습니다. 대왕, 절대로 앞으로 더 나아가서는 안 됩니다."

하늘은 점점 더 어두워졌고 뼈를 에는 북풍이 누런 모래를 휘말아 올려 윙윙거리며 불어오고 있었다. 모두들 추워서 덜덜 떨었다. 간신히 바라던 대로 날이 밝는다고 해도 무슨 소용이 있겠는가? 눈앞은 여전히 누렇디 누런 모래땅에다 희뿌연 안개가 덮고 있으니, 길은 어디란 말인가?

모두들 풀이 죽고 기가 꺾여 할 일 없이 모래땅에 앉아서 어찌할 바를 몰라 했다.

1 旱海 : 감숙성(甘肅省) 영무현(靈武縣) 동남쪽에 있는 사막.

团团转 tuántuánzhuàn 허둥지둥하다, 쩔쩔매다 ┃ **假装** jiǎzhuāng 짐짓 ~인 체하다 ┃ **引入** yǐnrù 꾀어들이다 ┃ **咬牙切齿** yǎo yá qiè chǐ 격분하여 이를 갈다 ┃ **怪** guài 책망하다, 원망하다 ┃ **轻信** qīngxìn 경솔하게 믿다 ┃ **中** zhòng 당하다, 입다 ┃ **诡计** guǐjì 모략 ┃ **镇静** zhènjìng 마음을 가라앉히다 ┃ **险要** xiǎnyào 험준하고 중요하다 ┃ **恐怕** kǒngpà (나쁜 결과를 예상해서) 아마 ~일 것이다 ┃ **刺骨** cìgǔ 살을 에다 ┃ **卷** juǎn (큰 힘으로) 말아 올리다 ┃ **呼呼** hūhū 윙윙, 쏴쏴[바람 소리] ┃ **刮** guā 바람이 불다 ┃ **大伙儿** dàhuǒr 모두들, 여러 사람 ┃ **打哆嗦** dǎ duōsuo 몸을 덜덜 떨다 ┃ **好容易** hǎoróngyì 간신히 ┃ **盼到** pàndào 기다리고 바라던 대로 되다 ┃ **罩** zhào 덮다 ┃ **灰蒙蒙** huīméngméng 희부연 모양 ┃ **雾气** wùqì 안개 ┃ **垂头丧气** chuí tóu sàng qì 풀이 죽고 기가 꺾이다 ┃ **懒洋洋** lǎnyángyáng 마음이 내키지 않는 모양

这时候，聪明的管仲心想：狗、鸽子，还有蜜
Zhè shíhou, cōngming de Guǎn Zhòng xīn xiǎng : Gǒu、gēzi, háiyǒu mì-

蜂，不管离家多远，都不会迷路，那么马会不会认
fēng, bùguǎn lí jiā duō yuǎn, dōu búhuì mílù, nàme mǎ huì bu huì rèn-

识路呢？
shi lù ne?

于是，管仲大胆地对齐桓公说："大王，马也
Yúshì, Guǎn Zhòng dàdǎn de duì Qí Huángōng shuō : "Dàwáng, mǎ yě-

许认得路。不如挑几匹当地的老马，让它们带路，
xǔ rènde lù. Bùrú tiāo jǐ pǐ dāngdì de lǎomǎ, ràng tāmen dài lù,

我们跟着走，或许能走出这个地方。"
wǒmen gēn zhe zǒu, huòxǔ néng zǒuchū zhè ge dìfang."

齐桓公轻轻地叹了口气，说："试试吧。"
Qí Huángōng qīngqīng de tàn le kǒu qì, shuō : "Shìshi ba."

他们挑了几匹老马，让它们领路。
Tāmen tiāo le jǐ pǐ lǎomǎ, ràng tāmen lǐng lù.

只见这几匹马不慌不忙、自由自在地走着。渐
Zhǐjiàn zhè jǐ pǐ mǎ bù huāng bù máng、zì yóu zì zài de zǒu zhe. Jiàn-

渐地大家觉得地方不那么陌生了，都松了一口气。
jiàn de dàjiā juéde dìfang bú nàme mòshēng le, dōu sōng le yì kǒu qì.

就这样，这几匹老马领着大队人马走出了迷
Jiù zhèyàng, zhè jǐ pǐ lǎomǎ lǐng zhe dàduì rénmǎ zǒuchū le mí-

谷，回到了原来的路上。
gǔ, huídào le yuánlái de lùshang.

原来老马真的可以识途呢！
Yuánlái lǎomǎ zhēn de kěyǐ shí tú ne!

이때 현명한 관중이 생각했다. '개, 비둘기, 그리고 벌은 집에서 얼마나 멀리 있든지 길을 잃지 않는다. 그렇다면 말도 길을 알 수 있지 않을까?'

그래서 관중은 대담하게 제환공에게 말했다. "대왕, 말이 어쩌면 길을 알 겁니다. 이 지역 출신의 늙은 말 몇 필을 골라서 길을 안내하게 하고 우리가 따라가면 아마 이곳을 벗어날 수 있을지도 모르겠습니다."

제환공은 가볍게 한숨을 내쉬며 말했다. "해봅시다."

그들은 늙은 말 몇 필을 뽑아서 길을 안내하게 했다.

이 말들은 당황하지도 서두르지도 않고, 자유자재로 가는 것을 알 수 있었다. 차츰차츰, 모두들 그렇게 낯설지 않은 곳이라고 느끼게 되었고, 안도의 한숨을 내쉬었다.

이렇게 해서 이 늙은 말 몇 필은 많은 사람과 말을 미곡에서 빠져나와 원래의 길로 돌아오게 했다.

알고 보니 늙은 말은 정말로 길을 알았던 것이다!

鸽子 gēzi 비둘기 | 蜜蜂 mìfēng 꿀벌 | 迷路 mílù 길을 잃다 | 大胆 dàdǎn 대담하다 | 认得 rènde 알다 | 挑 tiāo 선택하다, 고르다 | 匹 pǐ 필(匹)[말·노새 따위의 가축을 세는 단위] | 或许 huòxǔ 아마, 어쩌면 | 叹气 tàn qì 탄식하다, 한숨쉬다 | 领路 lǐng lù 길을 안내하다 | 不慌不忙 bù huāng bù máng 침착하다 | 陌生 mòshēng 낯설다 | 松口气 sōng kǒuqì 한숨 돌리다

弦高犒师

弦高是春秋时期郑国的一个商人。他非常爱国
Xián Gāo shì Chūnqiū shíqī Zhèngguó de yí ge shāngrén. Tā fēicháng àiguó

而且才智过人。
érqiě cáizhì guòrén.

公元前六百多年，秦穆公想称霸中原[1]，决定
Gōngyuánqián liùbǎi duō nián, Qín Mùgōng xiǎng chēngbà Zhōngyuán, juédìng

征讨郑国。他派孟明视为大将，率领千军万马
zhēngtǎo Zhèngguó. Tā pài Mèng Míngshì wéi dàjiàng, shuàilǐng qiān jūn wàn mǎ

浩浩荡荡地向郑国开进。
hàohàodàngdàng de xiàng Zhèngguó kāijìn.

当他们走到郑国边界时，忽然有人拦住去路。
Dāng tāmen zǒudào Zhèngguó biānjiè shí, hūrán yǒurén lánzhù qùlù.

这个人就是弦高。
Zhè ge rén jiùshì Xián Gāo.

孟明视大吃一惊，亲自接见弦高。他十分谨慎
Mèng Míngshì dà chī yì jīng, qīnzì jiējiàn Xián Gāo. Tā shífēn jǐnshèn

地问道："你是什么人？来这儿做什么？"
de wèn dào : "Nǐ shì shénme rén? Lái zhèr zuò shénme?"

현고가 군사에게 음식을 주어 위로하다

현고(弦高)는 춘추(春秋) 시대 정(鄭)나라의 상인이었다. 그는 애국심이 강했으며 재능과 지혜가 뛰어났다.

기원전 6백여 년, 진목공(秦穆公)은 중원(中原)의 패권을 장악하기 위해 정나라를 정벌하기로 결정했다. 그는 맹명시(孟明視)를 대장으로 보내, 천군만마를 이끌고 위풍당당하게 정나라를 향해 진군하게 했다.

그들이 정나라 국경에 다다랐을 때 갑자기 한 사람이 길을 막아섰다. 이 사람이 바로 현고였다.

맹명시는 깜짝 놀라서 친히 현고를 접견하였다. 그는 매우 조심스럽게 물었다. "당신은 뉘시오? 여기 와서 무얼 하는 거요?"

1 **中原** : 중원. 황하(黃河)의 중류·하류에 걸친 땅으로 허난성(河南省) 대부분과 산동(山東)성 서부 및 하북(河北)·산서(山西)성 남부를 포괄한다.

犒师 kào shī 군사에게 음식을 주어 위로하다 ｜ **才智** cáizhì 재능과 지혜 ｜ **过人** guòrén 능가하다, 뛰어나다 ｜ **称霸** chēngbà 패권을 잡다 ｜ **征讨** zhēngtǎo 정벌하다 ｜ **派……为……** pài……wéi…… ~을 ~으로 파견하다 ｜ **千军万马** qiān jūn wàn mǎ 천군만마, 기세충천하다 ｜ **开进** kāijìn (군대가) 진군하다, 출동하다 ｜ **边界** biānjiè 국경, 지역간의 경계 ｜ **拦住** lánzhù 꽉 막다, 차단하다 ｜ **去路** qùlù 가는 길, 진로(進路) ｜ **大吃一惊** dà chī yì jīng 몹시 놀라다 ｜ **亲自** qīnzì 몸소, 친히, 직접 ｜ **接见** jiējiàn 접견하다 ｜ **十分** shífēn 매우 ｜ **谨慎** jǐnshèn 신중하다

弦高不慌不忙地拜了孟明视，然后说：“我叫
Xián Gāo bù huāng bù máng de bài le Mèng Míngshì, ránhòu shuō : "Wǒ jiào

弦高，是郑国的使臣。我们国君听到将军要来郑
Xián Gāo, shì Zhèngguó de shǐchén. Wǒmen guójūn tīngdào jiāngjūn yào lái Zhèng-

国，特派我送上薄礼，慰劳将士，略表心意。”
guó, tè pài wǒ sòngshàng bólǐ, wèiláo jiàngshì, lüè biǎo xīnyì."

接着，弦高献上了十二头肥牛和四张牛皮。他
Jiēzhe, Xián Gāo xiànshàng le shí'èr tóu féiniú hé sì zhāng niúpí. Tā

又对孟明视说：“我们国君万分感激将军的保护，
yòu duì Mèng Míngshì shuō : "Wǒmen guójūn wànfēn gǎnjī jiāngjūn de bǎohù,

请将军放心，我们自己会小心的。”
qǐng jiāngjūn fàngxīn, wǒmen zìjǐ huì xiǎoxīn de."

孟明视听了，赶忙谢过弦高，对他说：“我们
Mèng Míngshì tīng le, gǎnmáng xiè guo Xián Gāo, duì tā shuō : "Wǒmen

并不是去贵国，你们何必这样费心呢？请回吧。”
bìng búshì qù guìguó, nǐmen hébì zhèyàng fèixīn ne? Qǐng huí ba."

弦高告别了孟明视，一路返回郑国。
Xián Gāo gàobié le Mèng Míngshì, yí lù fǎnhuí Zhèngguó.

他走了以后，孟明视想：我原想趁郑国毫无
Tā zǒu le yǐhòu, Mèng Míngshì xiǎng : Wǒ yuán xiǎng chèn Zhèngguó háowú

防备时突然袭击它。现在看来，郑国早有防备，偷
fángbèi shí tūrán xíjī tā. Xiànzài kànlái, Zhèngguó zǎo yǒu fángbèi, tōu-

袭是不太可能了。可这样回去又不好交待。
xí shì bú tài kěnéng le. Kě zhèyàng huíqù yòu bùhǎo jiāodài.

현고는 침착하게 맹명시에게 인사를 하고 말했다. "저는 현고라고 하며, 정나라의 사신입니다. 우리 국왕께서 장군이 정나라에 오신다는 소식을 듣고 특별히 저를 보내어 변변치 못한 선물이지만 드리고 군사들을 위로하여 작으나마 성의를 표하라고 하셨습니다."

이어서 현고는 살찐 소 열두 마리와 소가죽 네 장을 바쳤다. 그는 다시 맹명시에게 말했다. "우리 국왕은 장군의 보호에 매우 감사하고 계십니다. 장군께서는 부디 마음을 놓으십시오. 우리들 스스로 조심하겠습니다."

맹명시는 이 말을 듣고 서둘러 현고에게 감사의 뜻을 전하고는 말했다. "우리는 결코 당신네 나라로 가는 것이 아니었는데, 당신들은 어찌 이리 마음을 쓰시는 지요? 부디 돌아가시지요."

현고는 맹명시에게 작별을 고하고 곧장 정나라로 돌아갔다.

그가 떠난 뒤 맹명시는 생각했다. '나는 본래 정나라가 전혀 방비하지 않은 틈을 타서 갑자기 공격하려고 했는데, 지금 보아하니 정나라는 진작부터 방비를 하고 있으니 몰래 기습하는 건 글러 버렸구나. 그렇다고 이렇게 돌아가는 것도 체면이 서질 않지.'

拜 bài 일종의 경의를 표시하는 예절 │ 特 tè 일부러, 특별히 │ 薄礼 bólǐ 변변치 않은 선물 │ 慰劳 wèiláo 위문하다 │ 略 lüè 약간 │ 心意 xīnyì 성의 │ 接着 jiēzhe 이어서 │ 献 xiàn 바치다, 드리다, 올리다 │ 万分 wànfēn 매우 │ 感激 gǎnjī 감격하다 │ 赶忙 gǎnmáng 서둘러, 급히 │ 谢 xiè 감사하다, 사례하다 │ 费心 fèixīn 마음쓰다, 걱정하다 │ 告别 gàobié 작별 인사를 하다 │ 返回 fǎnhuí 되돌아가다 │ 趁 chèn (기회를) 틈타다 │ 豪无 háowú 전혀 ～이 없다 │ 袭击 xíjī 습격하다 │ 偷袭 tōuxí 기습하다 │ 不好 bùhǎo ～하기에 곤란하다[난처하다] │ 交待 jiāodài 일을 끝내다, 임무를 완수하다

于是，孟明视决定攻打郑国的邻国。他万万没
Yúshì, Mèng Míngshì juédìng gōngdǎ Zhèngguó de línguó. Tā wànwàn méi-

有想到自己上了弦高的当。
yǒu xiǎngdào zìjǐ shàng le Xián Gāo de dàng.

原来，弦高是个牛贩子。他赶了牛到别处做买
Yuánlái, Xián Gāo shì ge niú fànzi. Tā gǎn le niú dào biéchù zuò mǎi-

卖，半路上碰到秦军，觉得事情不妙，可要向郑国
mai, bànlùshang pèngdào Qínjūn, juéde shìqing búmiào, kě yào xiàng Zhèngguó

报告已来不及了。怎么办呢？
bàogào yǐ lái bu jí le. Zěnme bàn ne?

弦高急中生智，一面冒充郑国使臣欺骗秦
Xián Gāo jí zhōng shēng zhì, yímiàn màochōng Zhèngguó shǐchén qīpiàn Qín-

军，一面派人送信给国君。
jūn, yímiàn pài rén sòng xìn gěi guójūn.

郑国国君收到密报，大吃一惊，他立刻派人观
Zhèngguó guójūn shōudào mìbào, dà chī yì jīng, tā lìkè pài rén guān-

察秦军，并且布下天罗地网，准备迎接秦军的挑战。
chá Qínjūn, bìngqiě bùxià tiān luó dì wǎng, zhǔnbèi yíngjiē Qínjūn de tiǎozhàn.

可秦国的将军孟明视呢？早已中了弦高的圈
Kě Qínguó de jiāngjūn Mèng Míngshì ne? Zǎoyǐ zhòng le Xián gāo de quān-

套，远离郑国了。
tào, yuǎnlí Zhèngguó le.

聪明的商人弦高冒充郑国使臣犒劳秦军，
Cōngming de shāngrén Xián Gāo màochōng Zhèngguó shǐchén kàoláo Qínjūn,

救了郑国。
jiù le Zhèngguó.

后来，郑国国君亲自接见弦高，为他记了军功。
Hòulái, Zhèngguó guójūn qīnzì jiējiàn Xián Gāo, wèi tā jì le jūngōng.

그래서 맹명시는 정나라의 이웃 나라를 공격하기로 결정했다. 그는 자기가 현고한테 속았다고는 전혀 생각하지 못하였다.

원래 현고는 소 장수였다. 그는 소를 몰고 다른 곳으로 장사를 하러 가던 도중에 진나라 군대와 맞닥뜨렸다. 상황이 심상치 않음을 느꼈으나 정나라에 알리기에는 너무 늦을 것 같았다. 어떻게 한다?

현고는 그 와중에 묘안을 하나 떠올려서 정나라 사신인 체하며 진나라 군대를 속이는 한편 사람을 시켜 국왕에게 편지를 보냈다.

정나라 국왕은 비밀 보고를 받고 크게 놀랐다. 그는 즉시 사람을 보내 진나라 군대를 관찰하였다. 또 물샐틈없는 경계를 펼치며 진나라 군대의 도전에 응할 준비를 하였다.

한편 진나라의 장군 맹명시는 어떠했는가? 진작에 현고의 술책에 넘어가서 정나라를 멀리 떠났다.

총명한 상인 현고는 정나라 사신을 사칭하여 진나라 군대를 위로하고 정나라를 구하였다.

후에 정나라 국왕은 친히 현고를 접견하고 그의 군사적 공로를 인정하였다.

万万 wànwàn 결코, 절대로 | 贩子 fànzi 소상인 | 赶 gǎn (가축을) 몰다, 부리다 | 半路 bànlù 도중, 길을 가는 중간 | 碰到 pèngdào (우연히) 만나다 | 不妙 búmiào (정세가) 심상치 않다 | 来不及 lái bu jí 손쓸 틈이 없다 | 急中生智 jí zhōng shēng zhì 다급한 때에 좋은 생각이 떠오르다 | 冒充 màochōng 사칭하다, ~인 체하다 | 欺骗 qīpiàn 속이다 | 密报 mìbào 밀고 | 布下 bùxià 배치하다, 늘어놓다 | 天罗地网 tiān luó dì wǎng 빈틈없는 경계망을 치다 | 迎接 yíngjiē (일을) 맞이하다 | 挑战 tiǎozhàn (적·일·기록 경신 따위에) 도전(하다) | 圈套 quāntào 함정, 술책 | 远离 yuǎnlí 멀리 떨어지다 | 犒劳 kàoláo (술과 음식으로) 위로하다

1 **본문을 읽고 다음 물음에 답하시오.**

(1) 周幽王为什么下命令点烽火呢?

    A. 因为犬戎侵入周国

    B. 为了让褒姒开口一笑

    C. 为了试试看诸侯们防备的情况

(2) 齐军为什么挑几匹马，让它们领路呢?

    A. 他们认为老马知道有水的地方

    B. 他们认为老马知道有草的地方

    C. 他们认为老马知道回去的路

(3) 孟明视为什么改变攻打郑国的计划?

    A. 他以为袭击郑国的计划已被郑国露出了

    B. 十分感激郑国使臣的接待

    C. 郑国的势力比秦国更强

2 **녹음을 듣고 빈칸에 들어갈 말을 써 넣으시오.**

(1) 王妃褒姒在高山上望见这些诸侯兵马十分(　　　　)的样子，果然大笑起来。

(2) 他们都(　　　　)，(　　　　)坐在沙地上，不知怎么办才好。

(3) 弦高(　　　　)，一面冒充郑国使臣欺骗秦军，一面派人送信给国君。

3 다음 문장을 자연스러운 우리말로 옮기시오.

(1) 周幽王很快就被这女子迷住了，他整天陪着褒姒玩，国家大事更不放在心上了。

➡

(2) 齐桓公气得咬牙切齿，他对管仲说：“都怪我轻信了他，中了他的诡计。现在怎么办呢？”

➡

4 다음 문장을 자연스러운 중국어로 옮기시오.

(1) 하늘은 점점 더 어두워졌고 뼈를 에는 북풍이 누런 모래를 휘말아 올려 윙윙거리며 불어오고 있었다.

➡

(2) 우리 국왕께서 장군이 정나라에 오신다는 소식을 듣고 특별히 저를 보내어 변변치 못한 선물이지만 드리고 군사들을 위로하여 작으나마 성의를 표하라고 하셨습니다.

➡

退避三舍

春秋时期，晋文公率领军队征讨归附楚国的两
Chūnqiū shíqī, Jìn Wéngōng shuàilǐng jūnduì zhēngtǎo guīfù Chǔguó de liǎng

个小国。楚成王立刻派大将成得臣去抵御。
ge xiǎoguó. Chǔ Chéngwáng lìkè pài dàjiàng Chéng Déchén qù dǐyù.

当日，成得臣率领大军赶到晋军驻扎的地方。
Dāngrì, Chéng Déchén shuàilǐng dàjūn gǎndào Jìnjūn zhùzhā de dìfang.

楚军一进军，晋文公立即命令军队向后撤退。
Chǔjūn yí jìnjūn, Jìn Wéngōng lìjí mìnglìng jūnduì xiàng hòu chètuì.

晋军中有些战士不理解晋文公的意思，生气
Jìnjūn zhōng yǒuxiē zhànshì bù lǐjiě Jìn Wéngōng de yìsi, shēngqì

极了。他们吵着对晋文公说："大王，您是我们的
jíle. Tāmen chǎo zhe duì Jìn Wéngōng shuō : "Dàwáng, nín shì wǒmen de

统帅，而对方带兵的是臣子，哪有国君让臣子的道
tǒngshuài, ér duìfāng dàibīng de shì chénzǐ, nǎ yǒu guójūn ràng chénzǐ de dào-

理呢？"
li ne?"

90리를 물러나다

춘추(春秋) 시대에 진문공(晉文公)은 군대를 이끌고 초(楚)나라를 따르는 두 소국을 정벌하였다. 초성왕(楚成王)은 즉시 대장 성득신(成得臣)을 파견하여 방어하였다.

그날, 성득신은 대군을 이끌고 진나라 군대가 주둔한 곳에 이르렀다. 초나라 군대가 진군하자 진문공은 즉시 군대에 후퇴를 명하였다.

진나라 군대의 일부 병사들은 진문공의 생각을 이해하지 못하고 매우 화를 냈다. 그들은 투덜대면서 진문공에게 말했다. "대왕, 당신은 우리들의 원수이시고, 상대방의 군사를 이끌고 있는 것은 신하인데, 어찌 군주가 신하에게 양보하는 이치가 있을 수 있습니까?"

退避 tuìbì 물러나 피하다, 도망치다 | 舍 shè 옛날 행군할 때 30리를 이르던 말 | 归附 guīfù 귀순하다, 따르다 | 抵御 dǐyù 방어하다 | 驻扎 zhùzhā 주둔하다 | 进军 jìnjūn 진군하다 | 撤退 chètuì 철수하다 | 吵 chǎo 입씨름하다, 언쟁하다 | 统帅 tǒngshuài 통솔자, 원수 | 让 ràng 양보하다, 사양(辭讓)하다 | 臣子 chénzǐ 신하

晋文公望着忠心耿耿的战士，意味深长地
Jìn Wéngōng wàng zhe zhōng xīn gěng gěng de zhànshì, yìwèi shēncháng de

说："我当初流亡国外，楚成王待我恩重如山。我
shuō："Wǒ dāngchū liúwáng guówài, Chǔ Chéngwáng dài wǒ ēn zhòng rú shān. Wǒ

曾对他发誓：要是两国交战，晋国情愿退避三舍。
céng duì tā fāshì：Yàoshi liǎng guó jiāozhàn, Jìnguó qíngyuàn tuìbì sān shè.

现在，我后退就是为了实践当年的诺言。要是我对
Xiànzài, wǒ hòutuì jiùshì wèile shíjiàn dāngnián de nuòyán. Yàoshi wǒ duì

楚国失信，那么我们就理亏了。如果我们退了兵，
Chǔguó shīxìn, nàme wǒmen jiù lǐkuī le. Rúguǒ wǒmen tuì le bīng,

他们还不罢休，步步紧逼，就是他们的不是了。到
tāmen hái bú bàxiū, bùbù jǐnbī, jiùshì tāmen de búshi le. Dào

那时，我们再跟他们交战也不迟！"
nàshí, wǒmen zài gēn tāmen jiāozhàn yě bù chí！"

大伙儿听后都点了点头，表示愿意听从晋文公
Dàhuǒr tīng hòu dōu diǎn le diǎn tóu, biǎoshì yuànyì tīngcóng Jìn Wéngōng

的安排。
de ānpái.

古代行军三十里为一舍，晋文公率领军队后
Gǔdài xíngjūn sānshí lǐ wéi yí shè, Jìn Wéngōng shuàilǐng jūnduì hòu-

退了九十里，才扎下寨来。
tuì le jiǔshí lǐ, cái zhāxià zhài lái.

　　진문공은 충성스러운 병사들을 보면서 의미심장하게 말했다. "내가 당초에 나라 밖을 떠돌 때 초성왕은 나를 산과 같은 큰 은혜로 대하였다. 나는 일찍이 그에게 맹세했다. 만일 두 나라가 전쟁을 벌이게 되면 진나라는 기꺼이 90리를 후퇴하겠다고 말이지. 지금 내가 후퇴한 것은 바로 그때의 약속을 이행하기 위해서이다. 만일 내가 초나라에 약속을 저버린다면 우리는 도리에 어긋나는 것이 된다. 만일 우리가 병력을 철수했는데도 그들이 여전히 멈추지 않고 점점 압박을 해온다면 그것은 그들의 잘못인 것이다. 그때가 되서 우리가 다시 그들과 교전을 해도 늦지 않다."

　　모두들 듣고 고개를 끄덕이며 진문공의 계획에 따르겠다는 뜻을 표했다.

　　옛날에 행군은 30리가 1사(舍)인데, 진문공은 군대를 이끌고 90리를 후퇴해서야 막사를 치고 주둔을 하였다.

忠心耿耿 zhōng xīn gěng gěng 지극히 충성스럽다, 충성심에 불타다 ┃ 意味深长 yìwèi shēncháng 의미심장하다 ┃ 流亡 liúwáng 망명하다, 유랑하다 ┃ 发誓 fāshì 맹세하다 ┃ 实践 shíjiàn 실천(하다), 이행(하다) ┃ 诺言 nuòyán 언약 ┃ 失信 shīxìn 약속을 어기다[저버리다] ┃ 理亏 lǐkuī 도리에 어긋나다 ┃ 罢休 bàxiū 그만두다 ┃ 紧逼 jǐnbī 호되게 압박하다 ┃ 不是 búshi 잘못, 과실 ┃ 听从 tīngcóng 따르다, 순종하다 ┃ 安排 ānpái 안배, 처리 ┃ 扎寨 zhā zhài 주둔하다

楚军看见晋军一退再退，甭提有多神气了。大
Chǔjūn kànjiàn Jìnjūn yí tuì zài tuì, béngtí yǒu duō shénqì le. Dà-

将成得臣得意地对部下说："瞧，还没打仗，他们
jiàng Chéng Déchén déyì de duì bùxià shuō : "Qiáo, hái méi dǎzhàng, tāmen

就被吓跑了！"
jiù bèi xiàpǎo le!"

他便率领大军追上晋军，在离晋军营地不远的
Tā biàn shuàilǐng dàjūn zhuīshàng Jìnjūn, zài lí Jìnjūn yíngdì bù yuǎn de

地方安营扎寨。
dìfang ān yíng zhā zhài.

只见两军遥遥相对，好像密密层层的乌云遮住
Zhǐjiàn liǎng jūn yáoyáo xiāngduì, hǎoxiàng mìmicéngcéng de wūyún zhēzhù

了整个天空，随时都会有狂风暴雨来临。
le zhěng ge tiānkōng, suíshí dōu huì yǒu kuáng fēng bào yǔ láilín.

第二天，晋楚双方展开激烈的战斗。
Dì-èr tiān, Jìn Chǔ shuāngfāng zhǎnkāi jīliè de zhàndòu.

一开始，晋文公故意败下阵来。成得臣骄傲地
Yì kāishǐ, Jìn Wéngōng gùyì bàixià zhèn lái. Chéng Déchén jiāo'ào de

对士兵们喊道："大伙儿不用把小小的晋国放在眼
duì shìbīngmen hǎn dào : "Dàhuǒr bú yòng bǎ xiǎoxiǎo de Jìnguó fàng zài yǎn-

里，给我追！"
lǐ, gěi wǒ zhuī!"

초나라 군대는 진나라 군대가 거듭 후퇴하는 것을 보고 두말할 나위 없이 우쭐 댔다. 대장 성득신은 의기양양하게 부하에게 말했다. "보라, 전투도 하지 않았는 데 저들이 겁을 먹고 도망쳤도다!"

그는 대군을 이끌고 진나라 군대를 추격하여 진나라 군대의 군영에서 멀지 않 은 곳에 주둔을 했다.

양국 군이 멀리서 서로 대치하고 있는 것이, 마치 겹겹의 먹구름이 온 하늘을 가려서 언제라도 폭풍우가 칠 것 같은 모습이었다.

이튿날, 진과 초 쌍방은 격렬한 전투를 벌였다.

시작하자마자 진문공은 일부러 패하였다. 성득신은 거만하게 병사들에게 외쳤다. "제군들이여 작디 작은 진나라를 신경쓰지 말라. 추격하라!"

甫提 béngtí 말할 필요도 없다 ∣ 神气 shénqì 우쭐댐, 득의양양함 ∣ 得意 déyì 의기양양하다 ∣ 瞧 qiáo 보다, 구경하다 ∣ 打仗 dǎzhàng 전쟁하다, 싸우다 ∣ 吓跑 xiàpǎo 놀라 달아나다[도망가다] ∣ 遥遥相对 yáoyáo xiāngduì 멀리 떨어져서 마주 대하고 있다 ∣ 密密层层 mìmicéngcéng (나무 · 사람 등이) 빽빽하다 ∣ 乌云 wūyún 검은 구름, 먹장구름 ∣ 遮住 zhēzhù 막다, 가리다 ∣ 随时 suíshí 때를 가리지 않고, 아무 때나 ∣ 狂风暴雨 kuáng fēng bào yǔ 세차게 몰아치는 비바람 ∣ 来 临 láilín 이르다, 도래하다, 다가오다 ∣ 败阵 bài zhèn 패전하다 ∣ 骄傲 jiāo'ào 거만하다, 교만하다

楚军毫不犹豫地追击晋军，不料中了晋军的
Chǔjūn háobù yóuyù de zhuījī Jìnjūn, búliào zhòng le Jìnjūn de

埋伏。晋军在晋文公的带领下，切断了楚军后路，
máifu. Jìnjūn zài Jìn Wéngōng de dàilǐng xià, qiēduàn le Chǔjūn hòulù,

把楚军前后夹击，杀得七零八落，死伤大半。
bǎ Chǔjūn qiánhòu jiājī, shā de qī líng bā luò, sǐshāng dàbàn.

晋文公害怕辜负了楚王先前的情义，就下令：
Jìn Wéngōng hàipà gūfù le Chǔwáng xiānqián de qíngyì, jiù xiàlìng :

"不许追杀，赶跑就行了！"
"Bù xǔ zhuī shā, gǎnpǎo jiù xíng le!"

就这样，晋军占领了楚国营地。
Jiù zhèyàng, Jìnjūn zhànlǐng le Chǔguó yíngdì.

过了不久，晋文公便当上了中原霸主。同时，
Guò le bù jiǔ, Jìn Wéngōng biàn dāngshàng le Zhōngyuán bàzhǔ. Tóngshí,

他遵守诺言，对楚军退避三舍的故事也流传开了。
tā zūnshǒu nuòyán, duì Chǔjūn tuìbì sān shè de gùshi yě liúchuán kāi le.

　　초군은 일말의 주저함도 없이 진나라 군대를 추격하다가, 뜻밖에 진나라 군대의 매복에 걸렸다. 진나라 군대는 진문공의 지휘 하에 초나라 군대의 후미를 끊고 초나라 군의 앞뒤에서 협공하여 풍비박산 나게 도륙하여 대부분이 죽거나 다쳤다.

　　진문공은 예전 초왕의 인정과 의리를 저버릴까 두려워 명령을 내렸다. "추격하여 죽이지는 마라. 쫓아버리면 그만이다!"

　　이렇게 진나라 군대는 초나라의 주둔지를 점령하였다.

　　얼마 지나지 않아 진문공은 중원의 패자로 등극하였다. 동시에, 그가 약속을 지켜서 초군에게 90리를 후퇴한 이야기도 세상에 널리 퍼지게 되었다.

豪不 háobù 조금도 ～않다 ｜ 犹豫 yóuyù 주저하다, 머뭇거리다 ｜ 追击 zhuījī 추격(하다) ｜ 不料 búliào 뜻밖에, 의외에 ｜ 埋伏 máifu 매복(하다) ｜ 切断 qiēduàn 절단하다, 끊다 ｜ 后路 hòulù 군대 배후의 수송선(輸送線)[보급로] 또는 퇴(각)로 ｜ 夹击 jiājī 협공하다 ｜ 七零八落 qī líng bā luò 산산조각 나다, 지리멸렬하다 ｜ 大半 dàbàn 태반(太半), 대부분, 절반 이상 ｜ 辜负 gūfù 저버리다 ｜ 情义 qíngyì 인정과 의리 ｜ 赶跑 gǎnpǎo 쫓아버리다, 몰아내다 ｜ 占领 zhànlǐng 점령하다 ｜ 霸主 bàzhǔ 맹주(盟主) ｜ 遵守 zūnshǒu 준수하다, 지키다 ｜ 流传 liúchuán 세상에 널리 퍼지다

伍子胥过昭关

公元前五百多年，楚平王想杀害太子。将军伍
Gōngyuánqián wǔbǎi duō nián, Chǔ Píngwáng xiǎng shāhài tàizǐ. Jiāngjūn Wǔ

子胥带着太子逃到了郑国。谁知太子报仇心切，同
Zǐxū dài zhe tàizǐ táodào le Zhèngguó. Shéizhī tàizǐ bàochóu xīnqiè, tóng

郑国的一些大臣勾结，准备谋害郑国国君。结果事
Zhèngguó de yìxiē dàchén gōujié, zhǔnbèi móuhài Zhèngguó guójūn. Jiéguǒ shì-

情败露，反被杀死。伍子胥只好带着太子的儿子继
qing bàilù, fǎn bèi shāsǐ. Wǔ Zǐxū zhǐhǎo dài zhe tàizǐ de érzi jì-

续逃亡。
xù táowáng.

他们逃出郑国后，白天躲藏，深夜赶路，只吃
Tāmen táochū Zhèngguó hòu, báitiān duǒcáng, shēnyè gǎnlù, zhǐ chī

些剩菜冷饭，十分辛苦。
xiē shèngcài lěngfàn, shífēn xīnkǔ.

这一天，伍子胥来到了吴国与楚国的交界地昭
Zhè yì tiān, Wǔ Zǐxū láidào le Wúguó yǔ Chǔguó de jiāojièdì Zhāo-

关。如果能顺利地通过昭关，他们就可以安全地投
guān. Rúguǒ néng shùnlì de tōngguò Zhāoguān, tāmen jiù kěyǐ ānquán de tóu-

奔吴国了。
bèn Wúguó le.

오자서가 소관을 지나다

　기원전 5백여 년, 초평왕(楚平王)은 태자를 죽이려고 하였다. 장군 오자서(伍子胥)는 태자를 데리고 정(鄭)나라로 도망갔다. 뜻밖에도 태자는 복수심이 간절하여 정나라의 대신들과 결탁하여 정나라의 군주를 모살하려고 하였다. 결국은 일이 발각되어 도리어 죽임을 당했다. 오자서는 어쩔 수 없이 태자의 아들을 데리고 계속 도망을 갔다.

　그들은 정나라에서 도망친 뒤 낮에는 숨고 밤에는 길을 재촉하였고, 남긴 음식과 찬 밥을 먹으며 매우 고생을 했다.

　이날 오자서는 오(吳)나라와 초나라의 접경지인 소관(昭關)에 도착했다. 만약 순조롭게 소관을 통과하면 그들은 안전하게 오나라에 의탁할 수 있었다.

杀害 shāhài 살해하다 ｜ 谁知 shéizhī 누가 알겠는가, 의외로, 생각지도 않게 ｜ 报仇 bàochóu 복수하다 ｜ 心切 xīnqiè 마음이 절실하다 ｜ 勾结 gōujié 결탁하다 ｜ 谋害 móuhài 모해하다 ｜ 结果 jiéguǒ 결국, 드디어, 마침내, 끝내 ｜ 败露 bàilù 발각되다 ｜ 只好 zhǐhǎo 할 수 없이 ｜ 躲藏 duǒcáng 도망쳐 숨다 ｜ 赶路 gǎnlù 길을 재촉하다 ｜ 投奔 tóubèn 찾아가다, 의탁하다

可事情没有那么简单。原来楚平王早已下令悬
Kě shìqing méiyǒu nàme jiǎndān. Yuánlái Chǔ Píngwáng zǎoyǐ xiàlìng xuán-

赏捉拿伍子胥。他在各个关口都挂上了伍子胥的画
shǎng zhuōná Wǔ Zǐxū. Tā zài gè ge guānkǒu dōu guàshàng le Wǔ Zǐxū de huà-

像，而且派大量士兵把守关口。
xiàng, érqiě pài dàliàng shìbīng bǎshǒu guānkǒu.

伍子胥心里十分着急。他愁得几乎夜夜不能安
Wǔ Zǐxū xīnli shífēn zháojí. Tā chóu de jīhū yèyè bùnéng ān-

睡，原来乌黑的头发一下子都愁白了。
shuì, yuánlái wūhēi de tóufa yíxiàzi dōu chóu bái le.

一天，伍子胥带着太子的儿子在一条林阴小道
Yì tiān, Wǔ Zǐxū dài zhe tàizǐ de érzi zài yì tiáo línyīn xiǎodào-

上走着。
shang zǒu zhe.

忽然，从树林里走出来一个老头儿，他笑咪咪
Hūrán, cóng shùlínli zǒu chūlái yí ge lǎotóur, tā xiàomīmī

的，开口就问："伍将军上哪儿去呀？"
de, kāi kǒu jiù wèn : "Wǔ jiāngjūn shàng nǎr qù ya?"

伍子胥愣了一下，不由得紧张起来，他连忙转
Wǔ Zǐxū lèng le yíxià, bùyóude jǐnzhāng qǐlái, tā liánmáng zhuǎn-

过身去，慌慌张张地说："老先生认错人了，我
guò shēn qù, huānghuāngzhāngzhāng de shuō : "Lǎo xiānsheng rèncuò rén le, wǒ

并不姓伍！"
bìngbú xìng Wǔ !"

하지만 사정은 그렇게 간단치 않았다. 알고 보니 초평왕은 이미 현상금을 걸어 오자서를 잡으라고 명한 것이었다. 그는 매 관문마다 오자서의 초상화를 내걸었고 또 많은 병사들을 보내어 관문을 지키도록 했다.

오자서는 마음이 매우 불안했다. 그는 걱정스러워 매일 밤 편히 잠을 이루지 못했고, 원래 새까맣던 머리카락이 순식간에 하얗게 세어 버렸다.

하루는, 오자서가 태자의 아들을 데리고 나무 그늘 진 작은 오솔길을 걷고 있었다.

갑자기 숲속에서 한 늙은이가 나오더니 웃음을 지으며 입을 열어 물었다. "오장군 어디를 가시오?"

오자서는 한동안 아연해졌다가 저도 모르게 긴장을 하였다. 그는 급히 몸을 돌리고 허둥대며 말했다. "노인장 사람을 잘못 봤소. 난 오씨가 아니오."

早已 zǎoyǐ 훨씬 전에, 이미 ┃ 捉拿 zhuōná (범인을) 붙잡다[체포하다] ┃ 关口 guānkǒu (왕래할 때 반드시 거치는) 요도(要道) ┃ 画像 huàxiàng 화상, 초상화 ┃ 愁 chóu 근심(하다) ┃ 几乎 jīhū 거의 ┃ 安睡 ānshuì 편안하게 자다 ┃ 乌黑 wūhēi 새까맣다 ┃ 林阴 línyīn 나무 그늘 ┃ 老头儿 lǎotóur 노인, 늙은이 ┃ 笑咪咪 xiàomīmī 빙그레 웃는 모양 ┃ 上 shàng (어떤 곳으로) 가다 ┃ 愣 lèng 멍해지다, 어리둥절하다 ┃ 不由得 bùyóude 저절로, 저도 모르게 ┃ 转身 zhuǎn shēn 돌아서다, 몸을 돌리다 ┃ 慌慌张张 huānghuangzhāngzhāng 당황하다, 허둥대다 ┃ 认错 rèncuò 잘못 보다

那个老头儿走到伍子胥身边，拍了拍他的肩，
Nà ge lǎotóur zǒudào Wǔ Zǐxū shēnbiān, pāi le pāi tā de jiān,

又说："别说假话啦！我叫东皋公。前几天我在关
yòu shuō : "Bié shuō jiǎhuà la! Wǒ jiào Dōng Gāogōng. Qián jǐ tiān wǒ zài guān-

口上看见了你的画像。今天一见你就认出来了。你
kǒushang kànjiàn le nǐ de huàxiàng. Jīntiān yí jiàn nǐ jiù rèn chūlái le. Nǐ

这样跑过去，不是自投罗网吗？还是跟我来吧！"
zhèyàng pǎo guòqù, búshì zì tóu luó wǎng ma? Háishi gēn wǒ lái ba!"

伍子胥见这个老头儿面相忠厚，说话诚恳，而
Wǔ Zǐxū jiàn zhè ge lǎotóur miànxiàng zhōnghòu, shuōhuà chéngkěn, ér

自己又没有出路，就跟着他去了。
zìjǐ yòu méiyǒu chūlù, jiù gēn zhe tā qù le.

伍子胥在老头儿家一连住了七八天。可还是没
Wǔ Zǐxū zài lǎotóur jiā yìlián zhù le qī-bā tiān. Kě háishi méi-

有想出过关的办法，他十分焦急。
yǒu xiǎngchū guò guān de bànfǎ, tā shífēn jiāojí.

有一天，东皋公带了一个朋友来到家中。这个
Yǒu yì tiān, Dōng Gāogōng dài le yí ge péngyou láidào jiā zhōng. Zhè ge

人长得很像伍子胥，他们三个人细细地商量了一
rén zhǎng de hěn xiàng Wǔ Zǐxū, tāmen sān ge rén xìxì de shāngliáng le yì

番，决定第二天一早就动身。
fān, juédìng dì-èr tiān yìzǎo jiù dòngshēn.

그 노인은 오자서 옆으로 와서 그의 어깨를 두드리며 또 말했다. "거짓말 마시오! 난 동고공(東皋公)이라 하오. 며칠 전 내가 관문에서 당신의 초상화를 보았소. 오늘 당신을 보니 바로 알아보겠소. 이렇게 달려가면 스스로 그물로 뛰어드는 격이 아니겠소? 나를 따라오는 편이 나을 거요."

오자서는 이 노인의 관상을 보니 온후하며 말투가 진실되었고, 또 자신에게도 다른 수가 없어서 그를 따라갔다.

오자서는 노인의 집에서 잇따라 7,8일을 머물렀다. 하지만 여전히 관문을 통과할 방법을 찾지 못하여 매우 초조했다.

어느 날, 동고공이 한 친구를 집으로 데리고 왔다. 이 사람은 생김새가 오자서와 매우 비슷했다. 그들 세 사람은 자세하게 의논을 하고 이튿날 아침 일찍 움직이기로 했다.

拍 pāi 손바닥으로 치다 ┃ 自投罗网 zì tóu luó wǎng 스스로 그물에 뛰어들다 ┃ 面相 miànxiàng 얼굴 생김새 ┃ 忠厚 zhōnghòu 진실하고 순후하다 ┃ 诚恳 chéngkěn 성실하다 ┃ 出路 chūlù 활로 ┃ 一连 yìlián 계속해서, 잇따라, 연이어 ┃ 焦急 jiāojí 초조하다 ┃ 番 fān 번, 차례, 바탕 ┃ 动身 dòngshēn 출발하다

第二天，天还没亮，伍子胥就同东皋公、东皋
Dì-èr tiān, tiān hái méi liàng, Wǔ Zǐxū jiù tóng Dōng Gāogōng、Dōng Gāo-

公的朋友上路了。
gōng de péngyou shànglù le.

到了关口，只见守关的士兵对每一个过关的人
Dào le guānkǒu, zhǐjiàn shǒu guān de shìbīng duì měi yí ge guò guān de rén

都仔细核对画像。
dōu zǐxì héduì huàxiàng.

这时候，东皋公的朋友慌慌张张地向关
Zhè shíhou, Dōng Gāogōng de péngyou huānghuāngzhāngzhāng de xiàng guān-

口走去。守关的士兵见他这么慌张，疑心他是逃犯。
kǒu zǒuqù. Shǒu guān de shìbīng jiàn tā zhème huāngzhāng, yíxīn tā shì táofàn.

他们又细细一看，果然是伍子胥，便大喝一声："伍
Tāmen yòu xìxì yí kàn, guǒrán shì Wǔ Zǐxū, biàn dà hè yì shēng : "Wǔ

子胥，你往哪里走？"几个士兵立刻把他绑了起来。
Zǐxū, nǐ wǎng nǎli zǒu?" Jǐ ge shìbīng lìkè bǎ tā bǎng le qǐlái.

守关将士都以为真的拿住了伍子胥，高兴地议
Shǒu guān jiàngshì dōu yǐwéi zhēnde názhù le Wǔ Zǐxū, gāoxìng de yì-

论起来，早已忘记了那些过关的人们。
lùn qǐlái, zǎoyǐ wàngjì le nàxiē guò guān de rénmen.

　이튿날, 날이 아직 밝지 않았을 때, 오자서는 동고공, 동고공의 친구와 같이 길을 나섰다.

　관문에 이르니 관문을 지키는 병사가 관문을 지나는 모든 사람을 꼼꼼하게 초상화와 대조하고 있었다.

　이때, 동고공의 친구가 허둥대며 관문을 향해 걸어갔다. 관문을 지키는 병사는 그의 이런 허둥대는 모습을 보고 그가 도망자라고 의심을 하였다. 그들이 자세히 보니 과연 오자서였기에 크게 소리쳤다. "오자서, 어디로 가는 거냐?" 몇몇 병사가 즉시 그를 포박했다.

　관문을 지키는 병사들은 모두 진짜로 오자서를 붙잡았다고 여기고 기뻐하며 시끌벅적대었고, 관문을 지나는 사람들은 진작에 잊어버렸다.

上路 shànglù 출발하다　｜　**仔细** zǐxì 꼼꼼하다, 자세하다　｜　**核对** héduì 대조 확인하다　｜　**疑心** yíxīn 의심하다, ～이 아닌가 하고 생각하다　｜　**逃犯** táofàn 도망 범죄인　｜　**喝** hè 크게 외치다[소리치다]　｜　**绑** bǎng 묶다　｜　**拿住** názhù 붙잡다　｜　**议论** yìlùn 왈가왈부하다, 의론하다

过了一会儿，东皋公来了。他的朋友赶忙喊
Guò le yíhuìr, Dōng Gāogōng lái le. Tā de péngyou gǎnmáng hǎn

道：“你怎么才来？害得我白受委屈！”东皋公立
dào : "Nǐ zěnme cái lái? Hài de wǒ bái shòu wěiqu!" Dōng Gāogōng lì-

刻说：“你怎么被绑了呢？”士兵们愣住了，疑惑
kè shuō : "Nǐ zěnme bèi bǎng le ne?" Shìbīngmen lèngzhù le, yíhuò

地问道：“难道他不是逃犯伍子胥？”
de wèn dào : "Nándào tā búshì táofàn Wǔ Zǐxū?"

东皋公笑着对士兵们说：“唉，你们抓错人了
Dōng Gāogōng xiào zhe duì shìbīngmen shuō "Āi, nǐmen zhuācuò rén le

呀！他是我的好友，我们约好今日关前见面的啊！
ya! Tā shì wǒ de hǎoyǒu, wǒmen yuēhǎo jīnrì guān qián jiànmiàn de a!

不信你们再仔细看看画像？”
Bú xìn nǐmen zài zǐxì kànkan huàxiàng?"

士兵们仔细一看，果然不是伍子胥。
Shìbīngmen zǐxì yí kàn, guǒrán búshì Wǔ Zǐxū.

真伍子胥早就趁刚才混乱的时候，逃出关外，
Zhēn Wǔ Zǐxū zǎojiù chèn gāngcái hùnluàn de shíhou, táochū guān wài,

坐船走掉了。
zuò chuán zǒudiào le.

就这样，伍子胥顺利地过了昭关。
Jiù zhèyàng, Wǔ Zǐxū shùnlì de guò le Zhāoguān.

얼마 후 동고공이 왔다. 그의 친구가 급히 외쳤다. "어째 이제서야 오는가? 억울한 일을 고스란히 당했잖는가!" 동고공이 급히 말했다. "어째서 묶였는가?" 병사들이 어리둥절해하면서 미심쩍은 듯 물었다. "설마 이 사람이 도망자 오자서가 아니란 말이오?"

동고공은 웃으면서 병사들에게 말했다. "에이, 당신들이 사람을 잘못 붙잡았네! 이 사람은 내 친구고, 나랑 오늘 관문 앞에서 만나기로 약속했소! 믿겨지지 않으면 다시 초상화를 자세히 보시오."

병사들이 자세히 보니 과연 오자서가 아니었다.

진짜 오자서는 좀전의 혼란한 틈을 타서 벌써 관문 밖으로 빠져나가 배를 타고 도망갔다.

이렇게 해서 오자서는 순조롭게 소관을 통과하였다.

害 hài 손해를 입히다, 해를 끼치다 ▎ 白 bái 헛되이, 쓸데없이, 보람 없이 ▎ 委屈 wěiqu 억울한 일을 당하게 하다 ▎ 愣住 lèngzhù 멍해지다, 아연해지다 ▎ 疑惑 yíhuò 의혹하다, ~이 아닌가 의심하다 ▎ 难道 nándào 설마 ~하겠는가? 그래 ~란 말인가? ▎ 抓 zhuā 붙들다, 체포하다, 붙잡다 ▎ 混乱 hùnluàn 혼란(하다)

赵氏孤儿

春秋战国，晋景公听了奸臣屠岸贾的坏话，认
Chūnqiū Zhànguó, Jìn Jǐnggōng tīng le jiānchén Tú Àngǔ de huàihuà, rèn-

为大臣赵盾要造反，就下令查抄了赵家的全部宅
wéi dàchén Zhào Dùn yào zàofǎn, jiù xiàlìng cháchāo le Zhàojiā de quánbù zhái-

府。赵家的男女老少被杀得一干二净。
fǔ. Zhàojiā de nán nǔ lǎo shào bèi shā de yì gān èr jìng.

之后，晋景公十分高兴，心想：这下我可以高
Zhīhòu, Jìn Jǐnggōng shífēn gāoxìng, xīn xiǎng : Zhèxià wǒ kěyǐ gāo

枕无忧了！
zhěn wú yōu le!

可谁知好景不长，不几天，有消息说赵家的儿
Kě shéizhī hǎojǐng bù cháng, bù jǐ tiān, yǒu xiāoxi shuō Zhàojiā de ér-

媳妇儿庄姬产下了一个女孩。
xífur Zhuāngjī chǎnxià le yí ge nǔhái.

原来，庄姬是晋景公的妹妹。她怀孕以来，一
Yuánlái, Zhuāngjī shì Jìn Jǐnggōng de mèimei. Tā huáiyùn yǐlái, yì-

直住在母亲家中，因而躲过了劫难，才使赵家有了
zhí zhù zài mǔqīn jiā zhōng, yīn'ér duǒguò le jiénàn, cái shǐ Zhàojiā yǒu le

后代。
hòudài.

조씨 집안의 고아

춘추전국(春秋戰國) 시대 진경공(晉景公)은 간신 도안고(屠岸賈)의 험담을 듣고, 대신 조순(趙盾)이 반역을 꾀한다고 여겨, 곧 조씨의 집 전체를 조사하여 몰수하라고 명령했다. 조씨 집안의 남녀노소가 남김없이 죽임을 당했다.

그 뒤 조경공은 매우 기뻐하며 생각했다. '이렇게 해서 내 근심거리가 사라졌구나!'

그러나 좋은 일은 의외로 오래 가지 않았다. 며칠 지나지 않아 조씨 집안 며느리 장희(莊姬)가 딸을 낳았다는 소식이 들려왔다.

원래, 장희는 진경공의 누이 동생이었다. 그녀는 임신을 하고서 줄곧 어머니 집에 머물렀기 때문에 화를 면하였고 가까스로 조씨 집안이 대를 이을 수 있었다.

坏话 huàihuà 험담 ｜ 造反 zàofǎn 반역하다 ｜ 查抄 cháchāo 조사하여 몰수하다 ｜ 宅府 zháifǔ 집, 저택 ｜ 一干二净 yì gān èr jìng 모조리, 깡그리 ｜ 高枕无忧 gāo zhěn wú yōu 마음이 편안하고 근심 걱정이 없다 ｜ 好景不长 hǎojǐng bù cháng 좋은 때는 오래 가지 않는다 ｜ 儿媳妇儿 érxífur 며느리 ｜ 怀孕 huáiyùn 임신하다 ｜ 躲 duǒ 피하다, 비키다 ｜ 劫难 jiénàn 화, 재난

可是，晋景公怀疑赵家孤儿是个男孩子，他命
Kěshì, Jìn Jǐnggōng huáiyí Zhàojiā gū'ér shì ge nánháizi, tā mìng-

令屠岸贾说：“你们给我搜！即使挖地三尺，也要
lìng Tú Àngǔ shuō : "Nǐmen gěi wǒ sōu! Jíshǐ wā dì sān chǐ, yě yào

给我找出赵家的后代！”
gěi wǒ zhǎochū Zhàojiā de hòudài!"

士兵们便开始宫里宫外地搜查。凡是有婴儿的
Shìbīngmen biàn kāishǐ gōngligōngwài de sōuchá. Fánshì yǒu yīng'ér de

人家，他们都进行调查，有可疑的男孩子，就干脆
rénjiā, tāmen dōu jìnxíng diàochá, yǒu kěyí de nánháizi, jiù gāncuì

杀掉。许多无辜的孩子都被狠心的屠岸贾杀害了。
shādiào. Xǔduō wúgū de háizi dōu bèi hěnxīn de Tú Àngǔ shāhài le.

老百姓们暗暗叫苦。
Lǎobǎixìngmen àn'àn jiàokǔ.

这天，有一个叫程婴的人求见屠岸贾，说他知
Zhètiān, yǒu yí ge jiào Chéng Yīng de rén qiújiàn Tú Àngǔ, shuō tā zhī-

道赵家孤儿的下落。
dao Zhàojiā gū'ér de xiàluò.

他不慌不忙地来到屠岸贾面前，坦白地说：
Tā bù huāng bù máng de láidào Tú Àngǔ miànqián, tǎnbái de shuō :

“小人是赵家的门客，这次庄姬生了儿子，取名赵
"Xiǎorén shì Zhàojiā de ménkè, zhècì Zhuāngjī shēng le érzi, qǔ míng Zhào

武，我便偷偷抱出来喂养。现在怕日后让人家告发，
Wǔ, wǒ biàn tōutōu bào chūlái wèiyǎng. Xiànzài pà rìhòu ràng rénjia gàofā,

只好前来自首。”
zhǐhǎo qiánlái zìshǒu."

그러나 진경공은 조씨 집안의 고아가 사내아이라고 의심하고, 도안고에게 명령했다. "찾아내라! 땅을 세 길을 파는 한이 있어도 조씨 집안의 후손을 찾아내야 한다!"

병사들은 궁성 안팎을 뒤지기 시작했다. 어린 아이가 있는 집은 모두 조사를 하였고, 의심가는 사내아이는 아예 죽여버렸다. 많은 무고한 아이들이 악랄한 도안고에게 죽임을 당했다. 백성들은 남몰래 고통을 호소했다.

이날, 정영(程嬰)이라고 하는 사람이 도안고를 만나기를 청하고는 그가 조씨 집안 고아의 행방을 알고 있다고 말했다.

그는 침착하게 도안고 앞으로 가 솔직하게 말했다. "소인은 조씨 집안의 식객입니다. 이번에 장희가 아들을 낳았고 조무(趙武)라고 이름을 지었습니다. 제가 몰래 안고 나와서 기르고 있습니다. 나중에 다른 사람들에게 고발당하는 것이 두려워서 부득이 지금 자수하러 온 것입니다."

怀疑 huáiyí 의심을 품다, 의심하다　|　搜 sōu 수사하다, 수색하다　|　即使 jíshǐ 설령[설사] ～하더라도[할지라도, 일지라도]　|　挖 wā 파다, 파내다, 후벼 내다　|　凡是 fánshì 대강, 대체로, 무릇　|　可疑 kěyí 의심스럽다, 수상하다　|　干脆 gāncuì 차라리, 깨끗하게　|　无辜 wúgū 무고하다, 죄가 없다　|　狠心 hěnxīn 모질다, 잔인하다　|　暗暗 àn'àn 슬며시, 은근히, 남몰래　|　叫苦 jiàokǔ 괴로움을 호소하다　|　下落 xiàluò 행방　|　坦白 tǎnbái 솔직하다　|　喂养 wèiyǎng 양육하다　|　告发 gàofā 고발하다　|　自首 zìshǒu 자수(하다)

屠岸贾一听，心想：果然是个儿子。他着急地
Tú Àngǔ yì tīng, xīn xiǎng : Guǒrán shì ge érzi. Tā zháojí de

问："好！孤儿在哪儿？"
wèn : "Hǎo! Gū'ér zài nǎr?"

程婴说："在山后一间草棚里，因为没奶吃，
Chéng Yīng shuō : "Zài shān hòu yì jiān cǎopéngli, yīnwèi méi nǎi chī,

已经瘦得不成样子了。"
yǐjing shòu de bù chéng yàngzi le."

屠岸贾立刻说："你现在就带路。如果你骗我，
Tú Àngǔ lìkè shuō : "Nǐ xiànzài jiù dài lù. Rúguǒ nǐ piàn wǒ,

必死无疑！"
bì sǐ wúyí!"

程婴赶忙跪在地上，磕着头说："小人不敢。"
Chéng Yīng gǎnmáng guì zài dìshang, kē zhe tóu shuō : "Xiǎorén bù gǎn."

于是，程婴带领一队人马直向山后奔去。只见
Yúshì, Chéng Yīng dàilǐng yí duì rénmǎ zhí xiàng shān hòu bēnqù. Zhǐjiàn

松林中间果然有几间草棚。程婴指着草棚说："就
sōnglín zhōngjiān guǒrán yǒu jǐ jiān cǎopéng. Chéng Yīng zhǐ zhe cǎopéng shuō : "Jiù

是这里。"
shì zhèlǐ."

屠岸贾立即冲了进去。一瞧，黑咕隆咚的草棚
Tú Àngǔ lìjí chōng le jìnqù. Yì qiáo, hēigulōngdōng de cǎopéng

好像从未住过人。隐隐约约的一个竹榻上搁着一个
hǎoxiàng cóng wèi zhù guo rén. Yǐnyǐnyuēyuē de yí ge zhútàshang gē zhe yí ge

衣裳包。他抓起衣裳包，发现那是一个裹着小孩的
yīshangbāo. Tā zhuāqǐ yīshangbāo, fāxiàn nà shì yí ge guǒ zhe xiǎohái de

绸缎小被窝。孩子已经奄奄一息了。
chóuduàn xiǎo bèiwō. Háizi yǐjing yǎn yǎn yì xī le.

도안고가 듣고 생각했다. '과연 아들이었군.' 그가 조급하게 물었다. "좋아! 고아는 어디 있는가?"

정영이 말했다. "산 뒤의 초가집에 있는데, 먹을 젖이 없기 때문에 이미 말라서 꼴이 말이 아닙니다."

도안고가 곧바로 말했다. "지금 바로 길을 안내해라. 만약 나를 속인다면 죽을 것을 각오해라!"

정영은 급히 땅에 무릎을 꿇고 머리를 조아리며 말했다. "소인이 어찌 감히."

그래서 정영은 한 무리의 사람과 말을 이끌고 산 뒤로 급히 갔다. 소나무숲 사이로 과연 초가집 몇 채가 보였다. 정영은 초가집을 가리키며 말했다. "바로 저깁니다."

도안고는 즉시 뛰어 들어갔다. 얼핏 보니 어두컴컴한 초가집은 이제껏 사람이 산 적이 없는 것 같았다. 희미하게 보이는 대나무 침대에는 옷꾸러미가 놓여져 있었다. 그는 옷꾸러미를 낚아채고 나서 그것이 아이를 싸고 있는 비단으로 된 작은 이불이라는 걸 알 수 있었다. 아이는 이미 곧 숨이 끊어질 듯하였다.

草棚 cǎopéng 초가집 | 不成样子 bù chéng yàngzi 꼴이 말이 아니다 | 无疑 wúyí 두말할 것 없다 | 磕头 kē tóu 머리를 조아리다 | 立即 lìjí 즉시, 곧, 당장 | 黑咕隆冬 hēigulōngdōng 아주 캄캄하다 | 隐约 yǐnyuē 어렴풋하다, 어슴푸레하다 | 竹榻 zhútà 대나무 침대 | 搁 gē 놓다, 두다 | 衣裳包 yīshangbāo 옷 꾸러미 | 裹 guǒ 싸다 | 绸缎 chóuduàn 주단 | 被窝 bèiwō 이불 | 奄奄一息 yǎn yǎn yì xī 숨이 곧 끊어질 듯하다

屠岸贾哈哈一笑，得意地把孩子举向高空，然
Tú Àngǔ hāhā yí xiào, déyì de bǎ háizi jǔ xiàng gāokōng, rán-

后，他狠狠地把孩子摔在了地上。一个可爱的小生
hòu, tā hěnhěn de bǎ háizi shuāi zài le dìshang. Yí ge kě'ài de xiǎo shēng-

命没有了。
mìng méiyǒu le.

屠岸贾高兴地拿出许多金银财宝赏给程婴。程
Tú Àngǔ gāoxìng de náchū xǔduō jīnyín cáibǎo shǎnggěi Chéng Yīng. Chéng

婴哭着跪下说："小人只想自己免罪，并不为贪图
Yīng kū zhe guìxià shuō : "Xiǎorén zhǐ xiǎng zìjǐ miǎnzuì, bìngbú wèi tāntú

赏赐，请您收回。"
shǎngcì, qǐng nín shōuhuí."

经过再三推让，屠岸贾只好收回了金子。
Jīngguò zàisān tuīràng, Tú Àngǔ zhǐhǎo shōuhuí le jīnzi.

其实，赵武并没有死。
Qíshí, Zhào Wǔ bìng méiyǒu sǐ.

原来，屠岸贾到处搜查，程婴带着孩子无处
Yuánlái, Tú Àngǔ dàochù sōuchá, Chéng Yīng dài zhe háizi wúchù

躲藏。为了保护赵家孤儿，他只好忍痛将自己刚出
duǒcáng. Wèile bǎohù Zhàojiā gū'ér, tā zhǐhǎo rěntòng jiāng zìjǐ gāng chū-

生的儿子献了出来。就这样，赵武保住了性命。
shēng de érzi xiàn le chūlái. Jiù zhèyàng, Zhào Wǔ bǎozhù le xìngmìng.

后来，赵武被程婴抚养成人，不但为赵家报了
Hòulái, Zhào Wǔ bèi Chéng Yīng fǔyǎng chéngrén, búdàn wèi Zhàojiā bào le

仇，而且还得到了朝廷的重用，成了一个有用的
chóu, érqiě hái dédào le cháotíng de zhòngyòng, chéng le yí ge yǒuyòng de

人。
rén.

도안고는 하하 웃더니, 득의양양하게 아이를 허공에 들어올렸다가 잔인하게 땅바닥에 메어쳤다. 사랑스러운 작은 생명 하나가 사라졌다.

도안고는 기쁜 마음으로 많은 금은보화를 정영에게 주었다. 정영은 울면서 무릎을 꿇고 말했다. "소인은 그저 죄를 면하고 싶었을 뿐, 결코 보상을 바라고 한 것이 아닙니다. 거두어 주시기 바랍니다."

거듭 사양하자, 도안고는 어쩔 수 없이 금을 거두어들였다.

사실, 조무는 결코 죽지 않았다.

알고 보니, 도안고가 이곳 저곳을 뒤지자 정영은 아이를 데리고 숨을 곳이 없었다. 조씨 집안의 고아를 보호하기 위하여 그는 가슴 아프지만 어쩔 수 없이 막 태어난 자신의 아들을 바쳤다. 이렇게 조무는 목숨을 지켰다.

훗날, 조무는 정영이 정성들여 키워 성인이 되었고, 조씨 집안을 위해 복수를 했을 뿐 아니라 조정에 중용되어 유용한 사람이 되었다.

狠 hěn 모질다. 잔인하다. 악독하다 ┃ 摔 shuāi 떨어뜨려 부수다 ┃ 免罪 miǎnzuì 면죄하다[되다]. 죄를 용서하다 ┃ 贪图 tāntú 탐내다 ┃ 赏赐 shǎngcì 하사품. 은상(恩賞) ┃ 再三 zàisān 재삼. 여러 번 ┃ 推让 tuīràng (이익·직위 따위를) 사양하다 ┃ 躲藏 duǒcáng 도망쳐 숨다. 피하다 ┃ 忍痛 rěntòng 고통을 참다 ┃ 保住 bǎozhù 확보하다. 지켜내다 ┃ 抚养 fǔyǎng 정성들여 기르다 ┃ 重用 zhòngyòng 중요한 자리에 임용하다

1 본문을 읽고 다음 물음에 답하시오.

(1) 晋文公为什么命令军队向后撤退?

    A. 因为战势不利

    B. 为了实践以前的诺言

    C. 为了诱引敌军

(2) 伍子胥过关后打算到哪儿去?

    A. 郑国

    B. 楚国

    C. 吴国

(3) 屠岸贾杀害的是谁?

    A. 赵家的女儿

    B. 赵武

    C. 程婴的儿子

2 녹음을 듣고 빈칸에 들어갈 말을 써 넣으시오.

(1) 如果我们退了兵，他们还不(　　　　)，步步(　　　　)，就是他们的不是了。

(2) 他愁得几乎夜夜不能(　　　　)，原来乌黑的头发一下子都(　　　　)了。

(3) 小人只想(　　　　)，并不为(　　　　)，请您收回。

3   **다음 문장을 자연스러운 우리말로 옮기시오.**

(1) 晋军在晋文公的带领下，切断了楚军后路，把楚军前后夹击，杀
得七零八落，死伤大半。

➡

(2) 伍子胥愣了一下，不由得紧张起来，他连忙转过身去，慌慌张张
地说："老先生认错人了，我并不姓伍!"

➡

4   **다음 문장을 자연스러운 중국어로 옮기시오.**

(1) 양국 군이 멀리서 서로 대치하고 있는 것이, 마치 겹겹의 먹구름이
온 하늘을 가려서 언제라도 폭풍우가 칠 것 같은 모습이었다.

➡

(2) 찾아내라! 땅을 세 길을 파는 한이 있어도 조씨 집안의 후손을 찾
아내야 한다!

➡

商鞅南门立木

商鞅是战国时期卫国人。他聪明过人，非常
Shāng Yāng shì Zhànguó shíqī Wèiguórén. Tā cōngming guòrén, fēicháng

有才干，可是在卫国没有得到重用，他便到了秦国。
yǒu cáigàn, kěshì zài Wèiguó méiyǒu dédào zhòngyòng, tā biàn dào le Qínguó.

一到秦国，他很快就得到了秦孝公的赏识。
Yí dào Qínguó, tā hěn kuài jiù dédào le Qín Xiàogōng de shǎngshí.

他对秦孝公说："国家要富强，必须注重农业
Tā duì Qín Xiàogōng shuō : "Guójiā yào fùqiáng, bìxū zhùzhòng nóngyè

生产，奖励将士；治国必须有赏有罚。只有这样，
shēngchǎn, jiǎnglì jiàngshì ; Zhìguó bìxū yǒu shǎng yǒu fá. Zhǐyǒu zhèyàng,

才能使朝廷有威信，改革也就容易了。"
cáinéng shǐ cháotíng yǒu wēixìn, gǎigé yě jiù róngyì le."

秦孝公听后，完全同意商鞅的主张。他高兴
Qín Xiàogōng tīng hòu, wánquán tóngyì Shāng Yāng de zhǔzhāng. Tā gāoxìng

地对商鞅说："从今天起，改革制度的事全由你负
de duì Shāng Yāng shuō : "Cóng jīntiān qǐ, gǎigé zhìdù de shì quán yóu nǐ fù-

责吧！"
zé ba!"

상앙이 남문에 나무를 세우다

　상앙(商鞅)은 전국(戰國) 시대 위(衛)나라 사람이다. 그는 매우 총명하였고 재능이 대단히 많았으나, 위나라에서 중용되지 못하자 진(秦)나라로 갔다. 진나라에 도착하자마자 그는 곧 진효공(秦孝公)의 눈에 들었다.

　그는 진효공에게 말했다. "국가가 부강해지려면 반드시 농업생산을 중시하고 장병을 장려해야 합니다. 나라를 다스리는 데는 반드시 상이 있고 벌이 있어야 합니다. 이렇게 해야만 조정의 위신이 서고 개혁도 쉬워질 것입니다."

　진효공은 이 말을 듣고 상앙의 주장에 전적으로 동의하였다. 그는 기뻐하며 상앙에게 말했다. "오늘부터 제도를 개혁하는 일은 모두 그대가 맡으시오!"

才干 cáigàn 재능　｜　赏识 shǎngshí (남의 재능이나 작품의 가치를) 알아주다, 눈에 들다　｜　**注重** zhùzhòng 중시하다　｜　奖励 jiǎnglì 장려하다　｜　使 shǐ ～하게 하다　｜　威信 wēixìn 위신, 신망

商鞅立刻开始起草新法令。
Shāng Yāng lìkè kāishǐ qǐcǎo xīn fǎlìng.

新法令不久便制订好了。"可是万一老百姓不
Xīn fǎlìng bù jiǔ biàn zhìdìng hǎo le. "Kěshì wànyī lǎobǎixìng bú

信任我，不按照新法令办事，怎么办呢？"商鞅冥
xìnrèn wǒ, bú ànzhào xīn fǎlìng bànshì, zěnme bàn ne?" Shāng Yāng míng

思苦想，终于想出了一个好办法。
sī kǔ xiǎng, zhōngyú xiǎngchū le yí ge hǎo bànfǎ.

一天，商鞅叫人在南门外立了一根又长又粗的
Yì tiān, Shāng Yāng jiào rén zài nánmén wài lì le yì gēn yòu cháng yòu cū de

木头并下了一个命令："谁能把这根木头扛到北门
mùtou bìng xià le yí ge mìnglìng : "Shéi néng bǎ zhè gēn mùtou kángdào běimén

去，就赏他十两金子。"
qù, jiù shǎng tā shí liǎng jīnzi."

男女老少纷纷议论，不一会儿，南门口围了一
Nánnǚlǎoshào fēnfēn yìlùn, bùyíhuìr, nánménkǒu wéi le yí-

大堆人。只听见一个人说："这根木头谁都拿得动，
dàduī rén. Zhǐ tīngjiàn yí ge rén shuō : "Zhè gēn mùtou shéi dōu ná de dòng,

哪儿用得着十两黄金？"又有一个人说道："大概
nǎr yòng de zháo shí liǎng huángjīn?" Yòu yǒu yí ge rén shuō dào : "Dàgài

是大人有心跟我们开玩笑吧！"
shì dàrén yǒuxīn gēn wǒmen kāi wánxiào ba!"

상앙은 즉시 새 법령의 초안을 잡기 시작했다.

새 법령이 오래지 않아 제정되었다. '그렇지만 만일 백성들이 나를 신임하지 않고 새 법령에 따르지 않는다면 어떻게 한다?' 상앙은 심사숙고하여 마침내 좋은 방법을 생각해 내었다.

어느 날 상앙은 사람을 시켜서 남문 바깥에 길고 굵은 나무토막 한 개를 세우도록 하고 명령을 내렸다. "누구라도 이 나무토막을 메고 북문까지 가면 그 사람에게 황금 열 량을 상으로 주겠다."

남녀노소 모두 이러쿵저러쿵 말들을 했다. 얼마 지나지 않아서 남문 입구를 많은 사람들이 에워쌌다. 누군가 이렇게 말하는 것이 들렸다. "이 나무토막은 누구나 들 수 있는데 뭐 황금 열 량이나 필요하겠어?" 또 어떤 사람이 말했다. "아마 대인께서 일부러 우리를 놀리시려는 게지!"

起草 qǐcǎo 초안을 잡다 ┃ 制订 zhìdìng 창안 제정하다. 만들어 정하다 ┃ 万一 wànyī 만일. 만약 ┃ 办事 bànshì 일을 보다. 일을 처리하다 ┃ 冥思苦想 míng sī kǔ xiǎng 심사숙고하다 ┃ 粗 cū (실ㆍ끈ㆍ기둥ㆍ나무줄기 따위가) 굵다 ┃ 扛 káng 어깨에 메다 ┃ 纷纷 fēnfēn (많은 사람이나 물건이) 잇달아. 쉴 사이 없이 ┃ 不一会儿 bùyíhuìr 오래지 않아서 ┃ 围 wéi 둘러싸다 ┃ 一大堆 yídàduī 산처럼 쌓인 것 ┃ 拿得动 ná de dòng (손으로) 들 수 있다 ┃ 用得着 yòng de zháo 필요하다. 쓸모 있다 ┃ 大概 dàgài 아마도. 대개는 ┃ 有心 yǒuxīn 고의적으로. 일부러

大家伙儿听了他们的话，都点了点头也觉得不
Dàjiāhuǒr tīng le tāmen de huà, dōu diǎn le diǎn tóu yě juéde bù

可信。
kěxìn.

商鞅见老百姓不相信他的命令，便把赏金加
Shāng Yāng jiàn lǎobǎixìng bù xiāngxìn tā de mìnglìng, biàn bǎ shǎngjīn jiā-

大，说：“谁能把它扛到北门，我赏他五十两黄
dà, shuō : "Shéi néng bǎ tā kángdào běimén, wǒ shǎng tā wǔshí liǎng huáng-

金。”
jīn."

不料，人们更不敢去扛了。
Búliào, rénmen gèng bùgǎn qù káng le.

这时，人群中有一个人挤到前面来，他仔细打
Zhèshí, rénqún zhōng yǒu yí ge rén jǐdào qiánmian lái, tā zǐxì dǎ-

量了一下这根木头，对商鞅说：“我来试试！”商
liang le yíxià zhè gēn mùtou, duì Shāng Yāng shuō : "Wǒ lái shìshi!" Shāng

鞅高兴得点了点头。
Yāng gāoxìng de diǎn le diǎn tóu.

只见他双腿微蹲，两手抱起木头，一下子放在
Zhǐjiàn tā shuāng tuǐ wēi dūn, liǎng shǒu bàoqǐ mùtou, yíxiàzi fàng zài

了肩上。然后，迈开大步向北门走去。
le jiānshang. Ránhòu, màikāi dàbù xiàng běimén zǒuqù.

사람들은 그들의 말을 듣고 모두 고개를 끄덕이며 못미더워했다.

상앙은 백성들이 그의 명령을 믿지 않는 것을 보고 상금을 더 늘리고는 말했다. "누구라도 나무를 북문까지 메고 가면 내가 그 사람에게 황금 오십 량을 상으로 주겠다."

뜻밖에도 사람들은 더욱더 감히 메려고 나서지 않았다.

이때 무리 속에서 한 사람이 비집고 앞으로 나왔다. 그는 꼼꼼하게 이 나무를 살펴보더니 상앙에게 말했다. "제가 한번 해 보죠!" 상앙이 기뻐서 고개를 끄덕였다.

그는 양 다리를 살짝 쪼그리는가 싶더니 두손으로 나무를 감싸안고 순식간에 어깨에 올렸다. 그런 다음 성큼성큼 북문으로 걸어갔다.

大家伙儿 dàjiāhuǒr 모두들 ┃ 可信 kěxìn 미덥다, 믿을 만하다 ┃ 加大 jiādà 늘리다 ┃ 不料 búliào 뜻밖에 ┃ 挤 jǐ 비집다 ┃ 打量 dǎliang (사람의 복장·외모를) 관찰하다[훑어보다] ┃ 微 wēi 미약하다, 경미하다 ┃ 蹲 dūn 쪼그리고 앉다 ┃ 肩 jiān 어깨 ┃ 迈开 màikāi (발을) 내디디다

大伙儿闪开一条道，嘻嘻哈哈地跟在后面看热
Dàhuǒr shǎnkāi yì tiáo dào, xīxīhāhā de gēn zài hòumian kànrè-

闹。
nao.

到了北门，商鞅立刻派人准备了五十两金子。
Dào le běimén, Shāng Yāng lìkè pài rén zhǔnbèi le wǔshí liǎng jīnzi.

他拍了拍小伙子的肩膀，点了点头，笑着对他说：
Tā pāi le pāi xiǎohuǒzi de jiānbǎng, diǎn le diǎn tóu, xiào zhe duì tā shuō :

"你听从朝廷的命令，是奉公守法的好百姓！"
"Nǐ tīngcóng cháotíng de mìnglìng, shì fèng gōng shǒu fǎ de hǎo bǎixìng!"

说着，商鞅便把五十两黄灿灿的金子赏给了
Shuō zhe, Shāng Yāng biàn bǎ wǔshí liǎng huángcàncàn de jīnzi shǎnggěi le

这个人。
zhè ge rén.

　　사람들은 한쪽 길을 열어주고는 히히덕거리면서 뒤따르며 구경을 했다.
　　북문에 도착하자 상앙은 곧 사람을 시켜 황금 오십 량을 준비하게 했다. 그는
젊은이의 어깨를 툭툭 치고 고개를 끄덕이고는 웃으면서 그에게 말했다. "네가 조
정의 명령에 따랐으니 공무를 중히 여기고 법을 지키는 착한 백성이구나!"
　　이렇게 말하면서 상앙은 곧 번쩍번쩍 빛이 나는 황금을 이 사람에게 상으로 주
었다.

闪开 shǎnkāi 비키다 ｜ 嘻嘻哈哈 xīxīhāhā 허허하하, 하하하하[웃는 소리] ｜ 看热闹 kànrènao 구
경하다 ｜ 小伙子 xiǎohuǒzi 젊은이 ｜ 听从 tīngcóng (남의 말을) 듣다, 따르다, 순종하다 ｜ 奉公
守法 fèng gōng shǒu fǎ 공무를 중히 여기고 법을 지키다 ｜ 黄灿灿 huángcàncàn 금빛 찬란한 모양

老百姓们沸腾了！这件事情一下子传遍了秦
Lǎobǎixìngmen fèiténg le! Zhè jiàn shìqing yíxiàzi chuánbiàn le Qín-

国。百姓们都说："商大人说到做到，他的命令是
guó. Bǎixìngmen dōu shuō : "Shāng dàrén suō dào zuò dào, tā de mìnglìng shì

算数的!"
suànshù de !"

就这样，商鞅取得了老百姓的信任。第二天，
Jiù zhèyàng, Shāng Yāng qǔdé le lǎobǎixìng de xìnrèn. Dì-èr tiān,

他就在南门口贴上了新法令，人们都心甘情愿地服
tā jiù zài nánménkǒu tiēshàng le xīn fǎlìng, rénmen dōu xīn gān qíng yuàn de fú-

从了。
cóng le.

秦国自从商鞅变法以后，农业生产得到了很
Qínguó zìcóng Shāng Yāng biànfǎ yǐhòu, nóngyè shēngchǎn dédào le hěn

大的提高，老百姓们安居乐业。
dà de tígāo, lǎobǎixìngmen ān jū lè yè.

从此，商鞅更加受到秦孝公的重用，老百姓
Cóngcǐ, Shāng Yāng gèngjiā shòudào Qín Xiàogōng de zhòngyòng, lǎobǎixìng

也十分拥戴他。
yě shífēn yōngdài tā.

沸腾 fèiténg 물 끓듯 떠들썩해지다 ┃ 传遍 chuánbiàn 두루 퍼지다 ┃ 说到做到 shuō dào zuò dào
말한 것은 반드시 실행하다 ┃ 算数 suànshù 말한대로 하다 ┃ 心甘情愿 xīn gān qíng yuàn 기꺼이
원하다 ┃ 服从 fúcóng 복종(하다) ┃ 安居乐业 ān jū lè yè 평안히 살면서 즐겁게 일하다 ┃ 拥戴
yōngdài 떠받들어 모시다, 추대하다

백성들이 크게 술렁였다! 이 일은 순식간에 진나라에 널리 퍼졌다. 백성들은 모두 말했다. "상 대인은 말한 것은 반드시 지킨다. 그의 명령은 말 그대로 된다!"

이렇게 상앙은 백성들의 신임을 얻었다. 이튿날 그가 남문 입구에 새 법령을 붙이자 사람들은 모두 기꺼이 복종하였다.

진나라는 상앙의 변법 이후 농업생산이 크게 향상되었고 백성들은 편안히 살면서 즐겁게 일했다.

이때부터 상앙은 더욱더 진효공에게 중용되었고 백성들도 그를 매우 떠받들었다.

孙、庞斗智

孙膑和庞涓是战国时期两个非常有本领的人。
Sūn Bìn hé Páng Juān shì zhànguó shíqī liǎng ge fēicháng yǒu běnlǐng de rén.

他们俩同在魏国为臣。可庞涓这个人心地很坏，他
Tāmen liǎ tóng zài Wèiguó wéi chén. Kě Páng Juān zhè ge rén xīndì hěn huài, tā

在魏王面前诬告孙膑私通齐国。魏王十分恼怒，把
zài Wèiwáng miànqián wūgào Sūn Bìn sītōng Qíguó. Wèiwáng shífēn nǎonù, bǎ

孙膑治了罪，还剜掉了他的两块膝盖骨，使他成了
Sūn Bìn zhì le zuì, hái wāndiào le tā de liǎng kuài xīgàigǔ, shǐ tā chéng le

一个残废人。
yí ge cánfèirén.

幸好齐国有一个人到魏国，偷偷把孙膑救了。
Xìnghǎo Qíguó yǒu yí ge rén dào Wèiguó, tōutōu bǎ Sūn Bìn jiù le.

孙膑还得到了齐王的重用。
Sūn Bìn hái dédào le Qíwáng de zhòngyòng.

손빈과 방연이 지혜를 겨루다

  손빈(孫臏)과 방연(龐涓)은 전국(戰國) 시대에 매우 유능한 두 사람이었다. 그들 둘은 같이 위(魏)나라에서 신하가 되었다. 하지만 방연이라는 위인은 마음씨가 매우 나빠서, 위왕(魏王) 앞에서 손빈이 제(齊)나라와 밀통한다고 헐뜯었다. 위왕은 매우 노여워하며 손빈의 죄를 다스려 슬개골을 도려내 불구자로 만들었다.

  다행히 제나라에서 어떤 사람이 위나라로 와서 몰래 손빈을 구하였다. 손빈은 게다가 제왕(齊王)에게 중용되었다.

本领 běnlǐng 능력 ┃ 心地 xīndì 마음씨 ┃ 诬告 wūgào 무고하다 ┃ 私通 sītōng 밀통하다 ┃
恼怒 nǎonù 성내다 ┃ 剜 wān 도려내다 ┃ 膝盖骨 xīgàigǔ 슬개골 ┃ 残废人 cánfèirén 불구자 ┃
幸好 xìnghǎo 다행히, 운 좋게

公元前341年，魏王派庞涓攻打韩国。
Gōngyuánqián sānbǎi sìshí yī nián, Wèiwáng pài Páng Juān gōngdǎ Hánguó.

庞涓骄傲地对魏王说：“大王，小小的韩国，不须
Páng Juān jiāo'ào de duì Wèiwáng shuō : "Dàwáng, xiǎoxiǎo de Hánguó, bùxū

费吹灰之力便可拿下，您就等着听好消息吧！”
fèi chuī huī zhī lì biàn kě náxià, nín jiù děng zhe tīng hǎo xiāoxi ba!"

魏王十分信任庞涓，高兴地对他说：“好！我
Wèiwáng shífēn xìnrèn Páng Juān, gāoxìng de duì tā shuō : "Hǎo! Wǒ

把全国大部分兵马交给你，你要速战速回！”
bǎ quánguó dàbùfēn bīngmǎ jiāogěi nǐ, nǐ yào sù zhàn sù huí!"

于是，庞涓率大军浩浩荡荡地向韩国奔去。一
Yúshì, Páng Juān shuài dàjūn hàohàodàngdàng de xiàng Hánguó bēnqù. Yì-

连几天，他都打了胜仗，眼看就要打到韩国都城了，
lián jǐ tiān, tā dōu dǎ le shèngzhàng, yǎnkàn jiùyào dǎdào Hánguó dūchéng le,

庞涓十分得意。
Páng Juān shífēn déyì.

这天，庞涓突然收到魏王的求救信，说齐军要
Zhètiān, Páng Juān tūrán shōudào Wèiwáng de qiújiùxìn, shuō Qíjūn yào

来攻打魏国的首都。
lái gōngdǎ Wèiguó de shǒudū.

기원전 341년, 위왕은 방연을 파견하여 한(韓)나라를 공격하였다. 방연은 자만하며 위왕에게 말했다. "대왕, 작디 작은 한나라는 별 힘을 들이지 않고도 점령할 수 있으니 좋은 소식이 들리기만 기다리십시오!"

위왕은 방연을 매우 신임하여 기쁘게 그에게 말했다. "좋소! 내가 전국 대부분의 병마를 그대에게 줄 테니 빨리 전쟁을 마치고 돌아오시오!"

그래서 방연은 대군을 이끌고 위풍당당하게 한나라로 달려갔다. 내리 며칠을 그는 계속 승리했다. 이제 머지 않아 한나라의 도성을 함락시키게 되자 방연은 매우 우쭐해졌다.

이날 방연은 갑자기 구조를 요청하는 위왕의 서신을 받았는데, 제나라 군대가 위나라의 수도를 공격하려 한다고 쓰여 있었다.

不须 bùxū ~할 필요가 없다 | 费 fèi 소비하다, 들이다 | 吹灰之力 chuī huī zhī lì 극히 적은 힘 | 拿下 náxià 점령하다, 빼앗다 | 浩浩荡荡 hàohaodàngdàng 위풍당당하다 | 胜仗 shèngzhàng 승전 | 都城 dūchéng 수도 | 眼看 yǎnkàn 곧, 순식간에, 이제 | 求救信 qiújiùxìn 구조 요청 편지

原来，韩国向齐国求救。孙膑分析了形势后，
Yuánlái, Hánguó xiàng Qíguó qiújiù. Sūn Bìn fēnxi le xíngshì hòu,

对齐威王说："现在，魏国的精锐兵力都去攻打韩
duì Qí Wēiwáng shuō : "Xiànzài, Wèiguó de jīnguì bīnglì dōu qù gōngdǎ Hán-

国了，国内多是老弱残兵。我们不如直接攻打魏国，
guó le, guónèi duō shì lǎo ruò cán bīng. Wǒmen bùrú zhíjiē gōngdǎ Wèiguó,

庞涓听到了，定会放弃韩国，往回跑。到时，我们
Páng Juān tīngdào le, dìng huì fàngqì Hánguó, wǎng huí pǎo. Dàoshí, wǒmen

迎头痛击，必胜无疑！"
yíngtóu tòngjī, bì shèng wúyí!"

齐威王听了，点了点头，说："就按你说的办！"
Qí Wēiwáng tīng le, diǎn le diǎn tóu, shuō : "Jiù àn nǐ shuō de bàn!"

于是，孙膑率兵直奔魏国。毫无准备的魏王只
Yúshì, Sūn Bìn shuàibīng zhíbèn Wèiguó. Háowú zhǔnbèi de Wèiwáng zhǐ-

好召庞涓回来。
hǎo zhào Páng Juān huílái.

庞涓收到告急信，立刻收兵，向魏国奔来。
Páng Juān shōudào gàojíxìn, lìkè shōu bīng, xiàng Wèiguó bēnlái.

当他来到魏国边界时，发现齐国已经退兵了。
Dāng tā láidào Wèiguó biānjiè shí, fāxiàn Qíguó yǐjing tuì bīng le.

他情不自禁地笑了起来，心想：孙膑这个逃兵，听
Tā qíng bú zì jìn de xiào le qǐlái, xīn xiǎng : Sūn Bìn zhè ge táobīng, tīng-

说我要回来就吓成这样。
shuō wǒ yào huílái jiù xiàchéng zhèyàng.

알고 보니, 한나라가 제나라에게 구원 요청을 하였던 것이다. 손빈은 형세를 분석한 뒤 제위왕(齊威王)에게 말했다. "지금 위나라의 정예병이 모두 한나라를 공격하러 가서, 위나라에는 대부분 늙고 힘없는 병사들뿐입니다. 차라리 우리가 직접 위나라를 공격하면, 방연이 이 소식을 듣고 틀림없이 한나라를 포기하고 되돌아 올 것입니다. 그때 가서 우리가 정면에서 통렬하게 공격한다면 이길 것이 틀림없습니다!"

제위왕이 듣고 고개를 끄덕이며 말했다. "그대가 말한 대로 하시오!"

그래서 손빈은 병사를 이끌고 바로 위나라로 달려갔다. 아무런 준비도 없던 위왕은 어쩔 수 없이 방연을 불러 돌아오게 하였다.

방연은 위급한 편지를 받고 바로 병사를 거두어 위나라로 달려왔다.

그가 위나라 경계에 도착했을 때 제나라가 이미 철수하였다는 것을 알 수 있었다. 그는 자기도 모르게 웃으며 생각했다. '손빈 이 도망자 놈이, 내가 돌아온다니까 이렇게 겁을 집어먹은 게로군.'

求救 qiújiù 구조를[구원을] 간청하다 ┃ 分析 fēnxi 분석(하다) ┃ 精锐 jīngruì (군대가) 정예하다 ┃ 老弱残兵 lǎo ruò cán bīng 연로(年老)하고 몸이 약하여 싸울 능력이 없는 사병(士兵) ┃ 放弃 fàngqì 버리다 ┃ 召 zhào 부르다, 소집하다 ┃ 告急信 gàojíxìn 긴급함을 알리는 편지 ┃ 收兵 shōu bīng 군대를 철수하다 ┃ 边界 biānjiè 국경선 ┃ 迎头 yíngtóu 얼굴을 마주하다 ┃ 痛击 tòngjī 호되게 공격하다, 통렬하게 쳐부수다 ┃ 情不自禁 qíng bú zì jìn 자신의 감정을 억제할 수 없다, 저도 모르게 ┃ 逃兵 táobīng 도망병

庞涓仔细察看了一下齐军扎过营的地方，发现
Páng Juān zǐxì chákàn le yíxià Qíjūn zhā guo yíng de dìfang, fāxiàn

齐军的营盘占了很大的地方。他又叫人数了数齐军
Qíjūn de yíngpán zhàn le hěn dà de dìfang. Tā yòu jiào rén shǔ le shǔ Qíjūn

做饭的炉灶，竟然足够十万人吃饭用的。
zuòfàn de lúzào, jìngrán zúgòu shíwàn rén chīfàn yòng de.

顿时，庞涓吓得说不出话来。
Dùnshí, Páng Juān xià de shuō bu chū huà lái.

第二天，庞涓率领大军追到齐兵第二次扎营的
Dì-èr tiān, Páng Juān shuàilǐng dàjūn zhuīdào Qíbīng dì-èr cì zhā yíng de

地方。他发现营地的炉灶只剩五万人用的了。他十
dìfang. Tā fāxiàn yíngdì de lúzào zhǐ shèng wǔwàn rén yòng de le. Tā shí-

分高兴，心想：真是些胆小鬼，才一天，就逃走一
fēn gāoxìng, xīn xiǎng : Zhēnshi xiē dǎnxiǎoguǐ, cái yì tiān, jiù táozǒu yí-

半兵力。
bàn bīnglì.

第三天，庞涓追到齐军第三次扎营的地方，这
Dì-sān tiān, Páng Juān zhuīdào Qíjūn dì-sān cì zhā yíng de dìfang, zhè-

次营地的炉灶只够两万人用。
cì yíngdì de lúzào zhǐ gòu liǎngwàn rén yòng.

　방연은 제나라 군대가 주둔했던 곳을 자세히 관찰하고 제나라 군대의 군영이 매우 넓은 자리를 차지하고 있다는 것을 알아챘다. 그는 또 사람을 시켜 제나라 군대가 밥을 하던 부뚜막을 헤아리게 했더니, 뜻밖에도 10만 명이 먹을 수 있을 정도였다.

　방연은 더럭 겁이 나서 말이 나오지 않았다.

　이튿날, 방연은 대군을 이끌고 제나라 군대가 두 번째 주둔했던 곳까지 추격했다. 그는 주둔지의 부뚜막이 5만 명용만 남았다는 것을 알아냈다. 그는 매우 기뻐하며 생각했다. '정말 겁쟁이들이로군. 하루만에 병력 절반이 도망을 가다니.'

　세쨋날, 방연은 제나라 군대가 세 번째 주둔했던 곳까지 추격했다. 이번 주둔지의 부뚜막은 2만 명용이었다.

扎营 zhā yíng 주둔하다　|　营盘 yíngpán 군영, 병영　|　数 shǔ 헤아리다　|　炉灶 lúzào 부뚜막　|
竟然 jìngrán 뜻밖에　|　顿时 dùnshí 갑자기　|　营地 yíngdì 주둔지　|　胆小鬼 dǎnxiǎoguǐ 겁쟁이

庞涓一下子觉得轻松极了。他笑着说："我早
Páng Juān yíxiàzi juéde qīngsōng jíle. Tā xiào zhe shuō : "Wǒ zǎo-

就知道齐国这些胆小鬼怕我。你们看，十万大军到
jiù zhīdao Qíguó zhèxiē dǎnxiǎoguǐ pà wǒ. Nǐmen kàn, shíwàn dàjūn dào

魏国，才三天工夫，就散失大半！"
Wèiguó, cái sān tiān gōngfu, jiù sànshī dàbàn!"

于是，庞涓率领魏军日夜兼程，按照齐军逃跑
Yúshì, Páng Juān shuàilǐng Wèijūn rìyè jiānchéng, ànzhào Qíjūn táopǎo

的路线追了下去。
de lùxiàn zhuī le xiàqù.

晚上，他们到了一个叫马陵的地方。这儿道路
Wǎnshang, tāmen dào le yí ge jiào Mǎlíng de dìfang. Zhèr dàolù

狭窄，而且两边都是障碍，特别难走。
xiázhǎi, érqiě liǎng biān dōu shì zhàng'ài, tèbié nán zǒu.

庞涓十分着急，他恨不得立刻追上孙膑的队
Páng Juān shífēn zháojí, tā hènbude lìkè zhuīshàng Sūn Bìn de duì-

伍，把他们杀得片甲不留。这时候，忽然有一个士
wǔ, bǎ tāmen shā de piàn jiǎ bù liú. Zhè shíhou, hūrán yǒu yí ge shì-

兵报告说："前面的路被木头堵了。"
bīng bàogào shuō : "Qiánmian de lù bèi mùtou dǔ le."

庞涓破口大骂："蠢货，定是齐军怕我们追上，
Páng Juān pò kǒu dà mà : "Chǔnhuò, dìng shì Qíjūn pà wǒmen zhuīshàng,

堵了路，还不赶快找人搬？"
dǔ le lù, hái bù gǎnkuài zhǎo rén bān?"

他亲自走上前去，一看，路两边的树全被砍掉
Tā qīnzì zǒushàng qián qù, yí kàn, lù liǎng biān de shù quán bèi kǎndiào

了，只有一棵最大的没砍。
le, zhǐyǒu yì kē zuì dà de méi kǎn.

방연은 순간 마음이 매우 가벼워졌다. 그는 웃으며 말했다. "나는 일찍이 제나라의 이 겁쟁이 녀석들이 날 두려워한다는 것을 알고 있었지. 보라, 십만 대군이 위나라에 도착해서 사흘만에 대부분이 없어졌잖나!"

그래서 방연은 위나라 군대를 이끌고 밤낮으로 길을 재촉하여 제나라 군대가 도망간 길을 따라 추격해 갔다.

밤이 되어 그들은 마릉(馬陵)이라는 지역에 이르렀다. 이곳의 길은 좁고 또 양쪽 모두 장애물이 가득하여 매우 지나기 어려웠다.

방연은 매우 조바심을 내며 단숨에 손빈의 군대를 쫓아가서 갑옷 한 조각 남기지 않고 없애버리지 못하는 것을 안타까워했다. 이때 갑자기 한 사병이 보고를 했다. "앞쪽 길이 나무로 막혀 있습니다."

방연은 심하게 욕을 퍼부었다. "멍청한 놈, 분명 우리가 쫓아오는 걸 제나라 군대가 두려워해서 길을 막은 것일 텐데, 빨리 치우지 않고 뭐하는 건가?"

그가 직접 앞으로 가서 보니 길 양쪽의 나무가 전부 베어져 있었는데, 제일 큰 것만 베어 있지 않았다.

轻松 qīngsōng 홀가분하다 ┃ **工夫** gōngfu (투자한) 시간 ┃ **散失** sànshī 흩어져 없어지다, 산실되다 ┃ **大半** dàbàn 태반(太半), 대부분 ┃ **日夜兼程** rìyè jiānchéng 밤낮으로 쉬지 않고 길을 재촉하여 가다 ┃ **狭窄** xiázhǎi 비좁다 ┃ **障碍** zhàng'ài 장애 ┃ **恨不得** hènbude ~못하는 것이 한스럽다 ┃ **堵** dǔ 가로막다 ┃ **破口大骂** pò kǒu dà mà 심하게 욕을 퍼붓다 ┃ **蠢货** chǔnhuò 바보 같은 놈, 얼간이 ┃ **搬** bān 운반하다, 옮기다 ┃ **砍** kǎn 찍다

庞涓觉得很奇怪。仔细一看，那棵树的一面刮
Páng Juān juéde hěn qíguài. Zǐxì yí kàn, nà kē shù de yímiàn guā-

去了树皮，露出了又光又白的树干，上面隐隐约约
qù le shùpí, lùchū le yòu guāng yòu bái de shùgàn, shàngmian yǐnyǐnyuēyuē

地写着：庞涓死于此树下！
de xiě zhe : Páng Juān sǐ yú cǐ shù xià !

庞涓恍然大悟，大喊一声："我们上当了。快
Páng Juān huǎngrán dàwù, dà hǎn yì shēng : "Wǒmen shàng dàng le. Kuài

撤！"
chè !"

可话还没说完，无数支箭就像倾盆大雨，从四
Kě huà hái méi shuō wán, wúshù zhī jiàn jiù xiàng qīng pén dà yǔ, cóng sì

面八方射来。周围火光熊熊，杀声震天。魏军一片
miàn bā fāng shèlái. Zhōuwéi huǒguāng xióngxióng, shāshēng zhèntiān. Wèijūn yípiàn

混乱。
hùnluàn.

原来，孙膑故意设下计策，天天减少炉灶数目，
Yuánlái, Sūn Bìn gùyì shèxià jìcè, tiāntiān jiǎnshǎo lúzào shùmù,

引诱庞涓追上来。他算准魏军到马陵的时辰，预先
yǐnyòu Páng Juān zhuī shànglái. Tā suànzhǔn Wèijūn dào Mǎlíng de shíchén, yùxiān

埋伏了一批弓箭手，吩咐他们说："只要魏军一到，
máifu le yì pī gōngjiànshǒu, fēnfu tāmen shuō : "Zhǐyào Wèijūn yí dào,

立刻放箭。"
lìkè fàngjiàn."

庞涓走投无路，只好自杀了。
Páng Juān zǒu tóu wú lù, zhǐhǎo zìshā le.

齐军大胜魏军。
Qíjūn dàshèng Wèijūn.

방연은 매우 의아해했다. 자세히 보니 그 나무 한쪽은 껍질이 벗겨져서 반들반들한 흰 나무줄기가 드러나 있었는데, 위에 보일 듯 말 듯하게 이렇게 쓰여 있었다. '방연, 이 나무 아래서 죽다!'

방연은 퍼뜩 깨닫고는 크게 외쳤다. "우리가 속았다. 빨리 퇴각하라!"

하지만 말이 채 끝나기도 전에 무수한 화살이 장대비 퍼붓듯 사방팔방에서 날아왔다. 주변은 불길이 활활 타올랐으며 살육의 소리가 진동했다. 위나라 군대는 일대 혼란에 빠졌다.

알고 보니, 손빈은 일부러 계략을 꾸미며 매일매일 부뚜막의 수를 줄임으로 방연이 쫓아오도록 유인한 것이었다. 그는 위나라 군대가 마릉에 도착하는 시각을 정확히 계산하여 미리 한 무리의 궁수들을 매복시키고 분부했다. "위나라 군대가 도착하는 대로 바로 활을 쏴라."

방연은 도망갈 곳이 없어 하는 수 없이 자결하고 말았다.

제나라 군대는 위나라 군대에 큰 승리를 거두었다.

树干 shùgàn 나무줄기 ｜ 恍然大悟 huǎngrán dàwù 문득 크게 깨닫다 ｜ 撤 chè 철수하다, 물러나다 ｜ 倾盆大雨 qīng pén dà yǔ 물을 퍼붓듯 세차게 내리는 비 ｜ 四面八方 sì miàn bā fāng 사면팔방 ｜ 熊熊 xióngxióng 활활, 이글이글 ｜ 引诱 yǐnyòu 유인하다 ｜ 算准 suànzhǔn 정확히 계산하다 ｜ 时辰 shíchén 시각 ｜ 预先 yùxiān 미리, 사전에 ｜ 埋伏 máifu 매복(하다) ｜ 弓箭手 gōngjiànshǒu 궁수 ｜ 吩咐 fēnfu 분부하다, 명령하다 ｜ 走投无路 zǒu tóu wú lù 막다른 골목에 이르다, 궁지에 빠지다

与众不同的门客

冯谖是战国时期齐国贵族孟尝君的门客。他与
Féng Xuān shì Zhànguó shíqī Qíguó guìzú Mèng Chángjūn de ménkè. Tā yǔ

众不同，聪明果断，是孟尝君的好帮手。
zhòng bù tóng, cōngming guǒduàn, shì Mèng Chángjūn de hǎo bāngshou.

冯谖初到孟尝君门下时，穿得破破烂烂，没
Féng Xuān chū dào Mèng Chángjūn ménxià shí, chuān de pòpòlànlàn, méi

什么特别之处，总管看主人不喜欢他，就把他当下
shénme tèbié zhī chù, zǒngguǎn kàn zhǔrén bù xǐhuan tā, jiù bǎ tā dāng xià-

等门客对待，每天只给他吃粗茶淡饭。
děng ménkè duìdài, měitiān zhǐ gěi tā chī cū chá dàn fàn.

过了几天，冯谖靠着柱子敲打着他的剑唱起歌
Guò le jǐ tiān, Féng Xuān kào zhe zhùzi qiāodǎ zhe tā de jiàn chàngqǐ gē

来："长剑呀长剑，咱们回去吧。吃饭没有鱼呀！"
lái : "Chángjiàn ya chángjiàn, zánmen huíqù ba. Chī fàn méiyǒu yú ya !"

总管听见了，报告了孟尝君。孟尝君笑了笑
Zǒngguǎn tīngjiàn le, bàogào le Mèng Chángjūn. Mèng Chángjūn xiào le xiào

说："给他鱼吃！"
shuō : "Gěi tā yú chī !"

뛰어난 식객

풍훤(馮諼)은 전국(戰國) 시대 제(齊)나라 귀족 맹상군(孟嘗君)의 식객이었다. 그는 여느 사람보다 뛰어났고 총명하고 과단성이 있어, 맹상군의 오른팔이었다.

풍훤이 처음 맹상군의 식객으로 갔을 때, 낡아 빠진 옷차림에 별로 특별해 보이지 않았다. 집사는 주인이 그를 좋아하지 않는다는 것을 알고 그를 하등 문객으로 대했고, 매일 나쁜 차와 보잘 것 없는 밥을 대접했다.

며칠이 지나 풍훤은 기둥에 기대어 그의 칼을 두드리며 노래를 불렀다. "긴 칼아 긴 칼아, 우리 돌아가자꾸나. 밥상에 생선이 없구나!"

집사가 듣고 맹상군에게 보고하였다. 맹상군이 웃으며 말했다. "생선을 주거라!"

与众不同 yǔ zhòng bù tóng 남다르다, 남보다 뛰어나다 ┃ **门客** ménkè 문객, 식객 ┃ **聪明果断** cōngming guǒduàn 총명하고 과단성 있다 ┃ **帮手** bāngshou 도움을 주는 사람 ┃ **初** chū 처음으로, 막, 방금 ┃ **门下** ménxià 문객, 식객 ┃ **破烂** pòlàn 해져 너덜너덜하다 ┃ **总管** zǒngguǎn 집사 ┃ **对待** duìdài 대우하다 ┃ **粗茶淡饭** cū chá dàn fàn 변변치 않은 음식 ┃ **靠** kào 기대다 ┃ **柱子** zhùzi 기둥 ┃ **敲打** qiāodǎ 두드리다

又过了几天，冯谖又敲打着剑悲哀地唱道：
Yòu guò le jǐ tiān, Féng Xuān yòu qiāodǎ zhe jiàn bēi'āi de chàng dào :

"长剑呀长剑，咱们回去吧。出门没有车呀！"
"Chángjiàn ya chángjiàn, zánmen huíqù ba. Chūmén méiyǒu chē ya !"

总管又报告了孟尝君。孟尝君心想：原来他
Zǒngguǎn yòu bàogào le Mèng Chángjūn. Mèng Chángjūn xīn xiǎng : Yuánlái tā

想做上等门客，一定是个有本领的人。
xiǎng zuò shàngděng ménkè, yídìng shì ge yǒu běnlǐng de rén.

孟尝君便派人送给他一辆车。
Mèng Chángjūn biàn pài rén sònggěi tā yí liàng chē.

可是过了几天，冯谖又敲打着长剑唱起来：
Kěshì guò le jǐ tiān, Féng Xuān yòu qiāodǎ zhe chángjiàn chàng qǐlái :

"长剑呀长剑，咱们回去吧。家中还有老母呢。"
"Chángjiàn ya chángjiàn, zánmen huíqù ba. Jiā zhōng hái yǒu lǎomǔ ne."

孟尝君只好派人给他的母亲送了吃的和穿的。
Mèng Chángjūn zhǐhǎo pài rén gěi tā de mǔqīn sòng le chī de hé chuān de.

这一来，冯谖果然不再唱歌了，安心地住下来。
Zhè yì lái, Féng Xuān guǒrán búzài chàng gē le, ānxīn de zhù xiàlái.

一天，孟尝君派冯谖到薛城收债。冯谖与
Yì tiān, Mèng Chángjūn pài Féng Xuān dào Xuēchéng shōuzhài. Féng Xuān yǔ

孟尝君告别时，向孟尝君问道："回来的时候，买
Mèng Chángjūn gàobié shí, xiàng Mèng Chángjūn wèn dào : "Huílái de shíhou, mǎi

什么东西吗？"
shénme dōngxi ma?"

孟尝君笑着说："你看吧，看咱们缺什么，就
Mèng Chángjūn xiào zhe shuō : "Nǐ kàn ba, kàn zánmen quē shénme, jiù

买什么。"
mǎi shénme."

또 며칠이 지났다. 풍훤은 또 칼을 두드리며 애통하게 노래했다. "긴 칼아 긴 칼아, 우리 돌아가자꾸나. 외출할 때 수레가 없구나!"

집사는 또 맹상군에게 알렸다. 맹상군은 속으로 생각했다. '알고 보니 저 사람이 상등 문객 대접을 받고 싶어하는구나. 분명히 재능이 있는 사람일 거야.'

맹상군은 곧 사람을 보내 그에게 수레를 마련해 주었다.

그렇지만 며칠이 지나자 풍훤은 또다시 긴 칼을 두드리며 노래하기 시작했다. "긴 칼아 긴 칼아, 우리 돌아가자꾸나. 집에 아직 노모가 계시니."

맹상군은 하는 수 없이 사람을 보내 그의 모친에게 먹을 것과 입을 것을 주었다. 이렇게 되자 과연 풍훤은 더 이상 노래를 부르지 않고 편안하게 머물렀다.

하루는 맹상군이 풍훤을 설성(薛城)에 빚을 받아내라고 보냈다. 풍훤이 맹상군과 작별할 때, 맹상군에게 물었다. "돌아올 때 무엇을 살까요?"

맹상군은 웃으면서 말했다. "당신이 알아서 하시오. 우리가 부족한 것이 무엇인지 보고 그것을 사시오."

悲哀 bēi'āi 슬퍼하다, 애통해 하다 ｜ 安心 ānxīn 안심하다, 마음 놓다 ｜ 收债 shōuzhài (옛날) 빚을 받다 ｜ 告别 gàobié 헤어지다, 작별 인사를 하다 ｜ 缺 quē 모자라다

冯谖便驾着马车向薛城奔去。到了薛城，冯
Féng Xuān biàn jià zhe mǎchē xiàng Xuēchéng bēnqù. Dào le Xuēchéng, Féng

谖召集欠债的人来核对债券。可有的百姓因为还不
Xuān zhàojí qiàn zhài de rén lái héduì zhàiquàn. Kě yǒude bǎixìng yīnwèi huán bu

起债，都吓得逃走了。
qǐ zhài, dōu xià de táozǒu le.

老百姓们穿得破破烂烂，有的甚至连衣服都没
Lǎobǎixìngmen chuān de pòpòlànlàn, yǒude shènzhì lián yīfu dōu méi-

有。吃饭是有了上顿没下顿，十分贫苦。
yǒu. Chī fàn shì yǒu le shàng dùn méi xià dùn, shífēn pínkǔ.

他们跪在地上，一个劲儿地给冯谖磕头，请求
Tāmen guì zài dìshang, yígejìnr de gěi Féng Xuān kē tóu, qǐngqiú

延缓时间。一位老大爷头都磕破了。
yánhuǎn shíjiān. Yí wèi lǎodàyé tóu dōu kē pò le.

冯谖也是穷苦人出身，他知道老百姓生活得艰
Féng Xuān yě shì qióngkǔrén chūshēn, tā zhīdao lǎobǎixìng shēnghuó de jiān-

难，再也不忍心看下去了。他就假传孟尝君的决定，
nán, zàiyě bù rěnxīn kàn xiàqù le. Tā jiù jiǎchuán Mèng Chángjūn de juédìng,

对百姓们说："主人可怜大家生活困苦，做出决定，
duì bǎixìngmen shuō : "Zhǔrén kělián dàjiā shēnghuó kùnkǔ, zuòchū juédìng,

凡确实还不出债的人家，一概免了！"
fán quèshí huán bu chū zhài de rénjiā, yígài miǎn le!"

大家伙儿愣了，半信半疑地看着冯谖。
Dàjiāhuǒr lèng le, bàn xìn bàn yí de kàn zhe Féng Xuān.

풍훤은 곧 마차를 몰고서 설성으로 달려갔다. 설성에 도착해서 풍훤은 빚을 진 사람들을 불러서 빚문서를 대조하였다. 하지만 어떤 백성은 빚을 갚을 능력이 못 되자 두려워서 도망을 갔다.

백성들은 다 떨어진 옷을 입고 있었고 심지어 어떤 사람은 옷조차 없었다. 끼니 는 한 끼를 먹으면 다음 끼는 없을 정도로 극히 가난하고 힘들었다.

그들은 땅에 무릎을 꿇고 줄곧 풍훤에게 머리를 조아리며 시간을 연기해 줄 것 을 간청했다. 어떤 노인은 조아리다가 머리까지 깨졌다.

풍훤도 가난한 집안 출신인지라 백성들이 어렵게 살고 있는 것을 알고 차마 더 이상 두고 볼 수가 없었다. 그는 거짓으로 맹상군의 결정을 전하면서 백성들에게 말했다. "주인께서 여러분의 생활이 어려운 것을 가련하게 여겨 결정하시었다. 정 말로 빚을 갚을 능력이 없는 집은 일률적으로 면제한다!"

모두들 어리둥절하여 반신반의하면서 풍훤을 바라보고 있었다.

驾 jià (소나 말에) 수레를 메우다, 몰다 ┃ 召集 zhàojí 불러 모으다, 소집하다 ┃ 欠债 qiàn zhài 빚을 지다 ┃ 债券 zhàiquàn 채권, 빚문서 ┃ 还债 huán zhài 빚을 갚다 ┃ 一个劲儿 yígejìnr 끊임없이, 줄곧 ┃ 磕头 kē tóu (이마를 땅에 조아리며) 절하다 ┃ 延缓 yánhuǎn 연기하다, 늦추다 ┃ 老大爷 lǎodàye 할아버지, 영감님 ┃ 穷苦 qióngkǔ 곤궁하다, 빈곤하다 ┃ 艰难 jiānnán 곤란하다, 힘들다 ┃ 一概 yígài (예외 없이) 전부, 모조리 ┃ 半信半疑 bàn xìn bàn yí 반신반의

冯谖便命人点起一堆火，当场把债券都烧
Féng Xuān biàn mìng rén diǎnqǐ yì duī huǒ, dāngchǎng bǎ zhàiquàn dōu shāo

了。这下老百姓才相信了，高兴得欢呼起来。他们
le. Zhèxià lǎobǎixìng cái xiāngxìn le, gāoxìng de huānhū qǐlái. Tāmen

激动地说："孟尝君是我们的恩人哪！"
jīdòng de shuō : "Mèng Chángjūn shì wǒmen de ēnrén na!"

冯谖赶回家中，把收债的情况实事求是地告
Féng Xuān gǎnhuí jiā zhōng, bǎ shōuzhài de qíngkuàng shí shì qiú shì de gào-

诉给孟尝君。
su gěi Mèng Chángjūn.

孟尝君一听，脸色大变，他生气地说："你把
Mèng Chángjūn yì tīng, liǎnsè dàbiàn, tā shēngqì de shuō : "Nǐ bǎ

债券都烧了，我这三千门客吃什么呀？"
zhàiquàn dōu shāo le, wǒ zhè sānqiān ménkè chī shénme ya?"

冯谖不慌不忙地走到主人身旁，说："您别
Féng Xuān bù huāng bù máng de zǒudào zhǔrén shēnpáng, shuō : "Nín bié

生气。我临走时您说，这儿缺什么就买什么。我觉
shēngqì. Wǒ línzǒu shí nín shuō, zhèr quē shénme jiù mǎi shénme. Wǒ jué-

得您这儿只缺少对老百姓的情义，所以就把'情义'
de nín zhèr zhǐ quēshǎo duì lǎobǎixìng de qíngyì, suǒyǐ jiù bǎ 'qíngyì'

买回来了。"
mǎi huílái le."

孟尝君无可奈何地摆了摆手，说："算了。"
Mèng Chángjūn wú kě nài hé de bǎi le bǎi shǒu, shuō : "Suàn le."

　　풍훤은 곧 모닥불을 피우라고 명하고 그 자리에서 빚문서를 불태웠다. 그러자 백성들은 그제야 믿어지는지 기뻐서 환호하기 시작했다. 그들은 감격스럽게 말했다. "맹상군은 우리들의 은인이시다!"

　　풍훤은 서둘러 집으로 돌아가 빚 돌려받는 사정을 사실대로 맹상군에게 보고하였다.

　　맹상군은 듣자마자 안색이 변하여 화를 내면서 말했다. "당신이 빚문서를 모두 불태웠으니 나의 이 3천 식객들은 뭘 먹으란 말이오?"

　　풍훤은 침착하게 주인의 곁으로 와서 말했다. "노여워 마십시오. 제가 떠날 무렵에 당신께서 말씀하셨죠. 이곳에 부족한 것이 무엇이든 그걸 사라고. 제가 생각하기에 이곳은 그저 백성들에 대한 인정이 부족했기 때문에 '인정'을 사가지고 돌아왔습니다."

　　맹상군은 어쩔 수 없다는 듯 손을 내저으며 말했다. "그만둡시다."

当场 dāngchǎng 당장. 즉석(에서)　┃　欢呼 huānhū 환호하다　┃　激动 jīdòng 감격하다　┃　实事求是 shí shì qiú shì 실사구시. 있는 그대로의 사실에 토대하여 진리를 탐구하다　┃　无可奈何 wú kě nài hé 어찌할 도리가 없다　┃　摆手 bǎi shǒu 손을 흔들다

后来，孟尝君的名声越来越大。秦国怕齐王重
Hòulái, Mèng Chángjūn de míngshēng yuèláiyuè dà. Qínguó pà Qíwáng zhòng-

用他，就散布谣言，说孟尝君要谋反。齐王怕孟尝
yòng tā, jiù sànbù yáoyán, shuō Mèng Chángjūn yào móufǎn. Qíwáng pà Mèng Cháng-

君威胁他的地位，就把他革了职。
jūn wēixié tā de dìwèi, jiù bǎ tā gé le zhí.

孟尝君垂头丧气，只好解散了门客，只有冯谖
Mèng Chángjūn chuí tóu sàng qì, zhǐhǎo jiěsàn le ménkè, zhǐyǒu Féng Xuān

愿意继续陪伴他。
yuànyì jìxù péibàn tā.

冯谖带孟尝君回到薛城，老百姓听说了，都来
Féng Xuān dài Mèng Chángjūn huídào Xuēchéng, lǎobǎixìng tīngshuō le, dōu lái

迎接他。孟尝君感动得流下泪来，他对冯谖说：
yíngjiē tā. Mèng Chángjūn gǎndòng de liúxià lèi lái, tā duì Féng Xuān shuō :

“真感谢你当初为我买了‘情义’呀!”
"Zhēn gǎnxiè nǐ dāngchū wèi wǒ mǎi le ‘qíngyì’ ya!"

从此以后，孟尝君更加信任冯谖。冯谖成了
Cóngcǐ yǐhòu, Mèng Chángjūn gèngjiā xìnrèn Féng Xuān. Féng Xuān chéng le

孟尝君的好助手。
Mèng Chángjūn de hǎo zhùshǒu.

훗날 맹상군의 명성은 점점 더 커져갔다. 진(秦)나라는 제왕(齊王)이 그를 중용할 것이 두려워 맹상군이 모반을 꾀한다고 유언비어를 퍼뜨렸다. 제왕은 맹상군이 자신의 자리를 위협할까 두려워 그를 파면하였다.

맹상군은 의기소침해져 식객들을 해산시킬 수밖에 없었는데, 풍훤만이 계속 그를 보필하기를 바랐다.

풍훤은 맹상군을 모시고 설성으로 돌아왔다. 백성들이 소식을 듣고 모두 그를 영접하러 왔다. 맹상군은 감격하여 눈물을 흘려면서 풍훤에게 말했다. "그대가 애초에 나를 위해 '인정'을 산 것에 정말로 감사하오!"

그 뒤로 맹상군은 더더욱 풍훤을 신임하였다. 풍훤은 맹상군의 좋은 조력자가 되었다.

名声 míngshēng 명성, 평판 ∣ 散布 sànbù 퍼뜨리다 ∣ 谣言 yáoyán 유언비어, 헛소문 ∣ 谋反 móufǎn 모반하다, 반역을 꾀하다 ∣ 威胁 wēixié 위협(하다) ∣ 革职 gé zhí 파면하다 ∣ 解散 jiěsàn (단체 혹은 집회를) 해산하다[해체하다] ∣ 陪伴 péibàn 수행하다 ∣ 当初 dāngchū 당초, 처음

1   본문을 읽고 다음 물음에 답하시오.

(1) 商鞅为什么把金子赏给扛木头到北门的人呢？

     A. 因为木头很重，很难搬动

     B. 为了让老百姓知道遵守法令的重要性

     C. 为了挑选大力士

(2) 孙膑为什么每天减少炉灶的数目？

     A. 孙膑的士兵怕魏军逃散

     B. 军粮不足

     C. 为了引诱庞涓的魏军

(3) 冯谖被派到薛城后做了什么？

     A. 老百姓的债都免了

     B. 老百姓的债都收回来了

     C. 收回来的债都自己随便花光了

2   녹음을 듣고 빈칸에 들어갈 말을 써 넣으시오.

(1) 第二天，他就在南门口贴上了新法令，人们都（　　　　　　）地服从了。

(2) 他（　　　　　　）地笑了起来，心想：孙膑这个逃兵，听说我要回来就（　　　）这样。

(3) 老百姓们穿得（　　　　　　），有的甚至连衣服都没有。

3 다음 문장을 자연스러운 우리말로 옮기시오.

(1) 只见他双腿微蹲，两手抱起木头，一下子放在了肩上。

➡

(2) 主人可怜大家生活困苦，做出决定，凡确实还不出债的人家，一概免了！

➡

4 다음 문장을 자연스러운 중국어로 옮기시오.

(1) 국가가 부강해지려면 반드시 농업생산을 중시하고 장병을 장려해야 합니다. 나라를 다스리는 데는 반드시 상이 있고 벌이 있어야 합니다.

➡

(2) 말이 채 끝나기도 전에 무수한 화살이 장대비 퍼붓듯 사방팔방에서 날아왔다.

➡

西门豹治邺

西门豹是战国时期魏国人。他正直勇敢，很有
Xīmén Bào shì Zhànguó shíqī Wèiguórén. Tā zhèngzhí yǒnggǎn, hěn yǒu

本领。
běnlǐng.

有一次，魏文侯派西门豹治理邺城这个地方。
Yǒu yí cì, Wèi Wénhóu pài Xīmén Bào zhìlǐ Yèchéng zhè ge dìfang.

西门豹到了邺城一看，这个地方人烟稀少，十
Xīmén Bào dào le Yèchéng yí kàn, zhè ge dìfang rényān xīshǎo, shí-

分荒凉，就像刚打完仗一样。
fēn huāngliáng, jiù xiàng gāng dǎ wán zhàng yíyàng.

他找来当地的老人们，跟他们随便聊起来。
Tā zhǎolái dāngdì de lǎorénmen, gēn tāmen suíbiàn liáo qǐlái.

老人们你一言我一语地说：这儿有一条河叫
Lǎorénmen nǐ yì yán wǒ yì yǔ de shuō : Zhèr yǒu yì tiáo hé jiào

漳河，河里有个水神叫河伯。他每年都要娶一个媳
Zhānghé, héli yǒu ge shuǐshén jiào Hébó. Tā měinián dōu yào qǔ yí ge xí-

妇儿。当地的巫婆和官吏每年向百姓征收数百万
fur. Dāngdì de wūpó hé guānlì měinián xiàng bǎixìng zhēngshōu shùbǎi wàn

钱，用二三十万给河伯办喜事，剩下的都进了他们
qián, yòng èr-sānshí wàn gěi Hébó bàn xǐshì, shèngxia de dōu jìn le tāmen

的腰包。
de yāobāo.

서문표가 업성을 다스리다

서문표(西門豹)는 전국(戰國) 시대 위(魏)나라 사람이다. 그는 정직하고 용감하며 기량이 뛰어났다.

한번은 위문후(魏文侯)가 서문표를 업성(鄴城)이라는 지역을 다스리도록 파견했다.

서문표가 업성에 도착해 보니, 이 지방은 인가가 드물고 매우 황량하여 마치 막 전쟁이 끝난 곳 같았다.

그는 현지의 노인들을 불러와서 그들과 자유롭게 이야기를 나누었다.

늙은이들은 서로 주거니 받거니 하면서 말했다. '이곳에는 장하(漳河)라고 하는 강이 있고 강에 하백(河伯)이라는 물의 신이 산다. 그는 매년 장가를 들어야 한다. 현지의 무당과 관리들은 매년 백성들에게 수백만 전을 징수하여 이삼십만은 하백에게 혼사를 치러주는 데 쓰고, 남은 것은 모두 그들의 전대로 들어간다.'

治理 zhìlǐ 다스리다, 통치하다, 관리하다 ❙ 人烟 rényān 밥 짓는 연기, 인가(人家) ❙ 荒凉 huāngliáng 황량하다, (인적이 드물어) 적막하다 ❙ 随便 suíbiàn 자유로이, 함부로, 제멋대로 ❙ 聊 liáo 한담하다, 잡담하다 ❙ 娶媳妇儿 qǔ xífur 장가들다 ❙ 巫婆 wūpó 무당 ❙ 官吏 guānlì 관리 ❙ 征收 zhēngshōu (정부가 공출 곡식이나 세금을) 징수하다 ❙ 办喜事 bàn xǐshì 결혼식을 올리다, 결혼 잔치를 한다 ❙ 剩下 shèngxia 남다, 남기다 ❙ 腰包 yāobāo 전대

最痛苦的是每年春天，巫婆挨家挨户地挑选
Zuì tòngkǔ de shì měinián chūntiān, wūpó āi jiā āi hù de tiāoxuǎn

新娘。到了娶亲那天，把那姑娘打扮一番，放在苇
xīnniáng. Dào le qǔqīn nàtiān, bǎ nà gūniang dǎban yìfān, fàng zài wěi-

子编成的小船上，顺水漂去。岸上还要吹吹打打，
zi biānchéng de xiǎochuánshang, shùn shuǐ piāoqù. Ànshang hái yào chuīchuīdǎdǎ,

热闹热闹。小船漂上几十里就被河伯接去了。所以，
rènaorènao. Xiǎochuán piāoshàng jǐshí lǐ jiù bèi Hébó jiēqù le. Suǒyǐ,

城里有漂亮女儿的人家都搬走了，这儿也就越来越
chéngli yǒu piàoliang nǚ'ér de rénjiā dōu bānzǒu le, zhèr yějiù yuèláiyuè

荒凉，越来越贫穷了。
huāngliáng, yuèláiyuè pínqióng le.

　　"这河伯挺灵的，"一个老人接着说，"自从给
"Zhè Hébó tǐng líng de," yí ge lǎorén jiēzhe shuō, "Zìcóng gěi

他娶媳妇儿以来，从未有过水灾。"
tā qǔ xífur yǐlái, cóngwèi yǒu guo shuǐzāi."

　　西门豹听了老人们的话，十分生气，心想：原
Xīmén Bào tīng le lǎorénmen de huà, shífēn shēngqì, xīn xiǎng : Yuán-

来是这帮土豪劣绅在作怪。他决定到河伯娶亲那
lái shì zhè bāng tǔháo lièshēn zài zuòguài. Tā juédìng dào Hébó qǔqīn nà-

天，亲自去看看。
tiān, qīnzì qù kànkan.

'가장 고통스러운 것은 매년 봄으로, 무당이 집집마다 다니면서 신부를 뽑는다. 장가드는 날이 되면 그 아가씨를 한바탕 단장시키고는 갈대로 만든 작은 배에 태워 물을 따라 떠내려가게 한다. 물가에서는 또 피리를 불고 북을 치면서 시끌벅적하게 한다. 작은 배는 몇십 리를 떠가다가 하백에게 받아들여진다. 그래서 성 안에서 예쁜 딸을 둔 집은 모두 이사를 갔다. 이곳은 그래서 점점 더 황량해지고 점점 더 가난해지고 있다.'

"이 하백은 정말 신통하다오." 한 노인이 이어서 말했다. "하백을 장가들인 뒤로는 한번도 물난리가 없었다니까."

서문표는 노인들의 말을 듣고 매우 화가 나서 속으로 생각했다. '알고 보니 이 토호와 악덕인사들이 농간질을 치는 것이었군.' 그는 하백이 장가드는 날에 직접 가 보기로 결심했다.

挨家挨户 āi jiā āi hù 집집마다 ┃ 挑选 tiāoxuǎn 고르다 ┃ 娶亲 qǔqīn 장가들다 ┃ 打扮 dǎban 치장하다, 단장하다 ┃ 苇子 wěizi 갈대 ┃ 编 biān 엮다, 짜다 ┃ 漂 piāo 이리저리 떠다니다 ┃ 吹打 chuīdǎ 관악기와 타악기로 연주하다 ┃ 贫穷 pínqióng 가난(하다), 빈곤(하다) ┃ 灵 líng 신통하다, 영험(靈驗)이 있다 ┃ 接着 jiēzhe 연이어, 계속하여, 이어서 ┃ 水灾 shuǐzāi 수재, 수해(水害) ┃ 帮 bāng 무리[여럿이 모여서 한 동아리를 이룬 사람들에 대해서 쓰임] ┃ 土豪劣绅 tǔháo lièshēn 토호와 악질 지주 ┃ 作怪 zuòguài 훼방을 놓다, 해를[나쁜 영향을] 끼치다

这天，西门豹来到漳河边。只见有一个年过七
Zhètiān, Xīmén Bào láidào Zhānghé biān. Zhǐjiàn yǒu yí ge nián guò qī-

旬的老婆子，打扮得三分像人，七分像鬼，她后面
xún de lǎopózi, dǎban de sānfēn xiàng rén, qīfēn xiàng guǐ, tā hòumian

跟着几个徒弟。她们正忙忙碌碌地打扮新娘。
gēn zhe jǐ ge túdì. Tāmen zhèng mángmanglùlù de dǎban xīnniáng.

河岸边站满了远远近近来看热闹的老百姓，还
Hé'àn biān zhàn mǎn le yuǎnyuǎnjìnjìn lái kànrènao de lǎobǎixìng, hái-

有官吏、富绅。
yǒu guānlì、fùshēn.

西门豹看了一眼巫婆，说："把河伯的媳妇儿
Xīmén Bào kàn le yì yǎn wūpó, shuō : "Bǎ Hébó de xífur

叫来，让我看看。"
jiàolái, ràng wǒ kànkan."

巫婆便把那姑娘领来了。西门豹一看，可怜的
Wūpó biàn bǎ nà gūniang lǐnglái le. Xīmén Bào yí kàn, kělián de

小姑娘只有十四五岁，脸上擦的胭脂花粉，不少已
xiǎo gūniang zhǐyǒu shísì-wǔ suì, liǎnshang cā de yānzhi huāfěn, bùshǎo yǐ

被眼泪冲去了。
bèi yǎnlèi chōngqù le.

西门豹对大伙儿说："这姑娘不漂亮，配不上
Xīmén Bào duì dàhuǒr shuō : "Zhè gūniang bú piàoliang, pèi bu shàng

河伯。我想劳烦巫婆去跟河伯说，明天我给他送个
Hébó. Wǒ xiǎng láofán wūpó qù gēn Hébó shuō, míngtiān wǒ gěi tā sòng ge

更漂亮的。"
gèng piàoliang de."

이날 서문표는 장하 물가로 왔다. 칠순이 넘은 한 할망구가 3할은 사람 같고 7할은 귀신 같이 분장을 하고 있었으며, 그녀 뒤에는 몇몇 제자들이 따르고 있는 모습이 보였다. 그녀들은 분주하게 신부를 단장시키고 있었다.

강가에는 이 일대에서 구경거리를 보기 위해 온 백성들, 또 관리, 부호들이 가득 서 있었다.

서문표는 무당을 흘끗 보고 말했다. "하백의 아내를 불러와 내게 보이시오."

무당은 곧 그 아가씨를 데리고 왔다. 서문표가 보니 가련한 어린 아가씨는 고작 열네다섯밖에 안 되었고, 얼굴에 칠한 연지분은 벌써 눈물에 많이 씻겨져 있었다.

서문표는 모두에게 말했다. "이 아가씨는 예쁘지가 않아서 하백에게 어울리지 않소. 번거롭겠지만 무당은 하백에게 가서 내일 내가 더 예쁜 아가씨를 보내겠다고 말하시오."

年 nián 나이, 연령 ｜ 分 fēn 10분의 1, 분, 할 ｜ 徒弟 túdì 도제, 제자 ｜ 忙碌 mánglù 바쁘다 ｜ 富绅 fùshēn 부자 신사 ｜ 擦 cā 칠하다, 바르다 ｜ 胭脂花粉 yānzhi huāfěn 분꽃 가루 ｜ 眼泪 yǎnlèi 눈물 ｜ 配不上 pèi bu shàng 어울리지 않다 ｜ 劳烦 láofán 수고스럽지만 ～하다

说着，他命令武士把巫婆扔进了河。只听"扑
Shuō zhe, tā mìnglìng wǔshì bǎ wūpó rēngjìn le hé. Zhǐ tīng "pū-

通"一声，巫婆挣扎了几下就沉下去了。岸上的人
tōng" yì shēng, wūpó zhēngzhá le jǐ xià jiù chén xiàqù le. Ànshang de rén-

们吓得连大气都不敢出。
men xià de lián dàqì dōu bùgǎn chū.

西门豹恭恭敬敬地站在岸上等着。过了一会
Xīmén Bào gōnggōngjìngjìng de zhàn zài ànshang děng zhe. Guò le yíhuì-

儿，他说："巫婆上了年纪，不中用，麻烦弟子去
r, tā shuō : "Wūpó shàng le niánjì, bùzhōngyòng, máfan dìzǐ qù

催一催吧。"
cuī yi cuī ba."

"扑通扑通"两声，两个领头的女徒弟又被武士
"Pūtōng pūtōng" liǎng shēng, liǎng ge lǐngtóu de nǔ túdì yòu bèi wǔshì-

们扔进了河里。这时，人们喊喊喳喳地议论开了。
men rēngjìn le héli. Zhèshí, rénmen qīqīchāchā de yìlùn kāi le.

말하면서 그는 무사에게 무당을 강에 던지라고 명령했다. '풍덩' 소리가 들리고 무당이 몇 차례 허우적거리더니 이내 가라앉았다. 강가의 사람들은 놀라서 숨조차 크게 쉬지 못했다.

서문표는 예의 바르게 강가에 서서 기다렸다. 조금 지난 후 그가 말했다. "무당이 나이가 많아서 소용이 없는가 보니 번거롭겠지만 제자가 가서 재촉하시오."

'풍덩 풍덩' 두 차례 소리가 들리고 앞장 선 두 여제자가 무사들에 의해 강으로 던져졌다. 이때 사람들이 수근수근 이러쿵저러쿵하기 시작했다.

扔 rēng 던지다 ｜ 扑通 pūtōng 꽈당, 풍덩 ｜ 挣扎 zhēngzhá 발버둥치다 ｜ 沉 chén (물속에) 가라앉다 ｜ 大气 dàqì 큰 숨 ｜ 恭敬 gōngjìng 공손하다 ｜ 上年纪 shàng niánjì 나이가 들다 ｜ 不重用 bùzhōngyòng 쓸모없다 ｜ 麻烦 máfan 귀찮게[번거롭게] 하다 ｜ 催 cuī 독촉하다, 재촉하다 ｜ 领头 lǐngtóu 솔선하다 ｜ 喊喊喳喳 qīqīchāchā 소곤소곤, 재잘재잘

不一会儿，西门豹又说：“女人不会办事，还
Bùyíhuìr, Xīmén Bào yòu shuō : "Nǚrén búhuì bàn shì, hái-

是请乡官们亲自出马吧。”
shi qǐng xiāngguānmen qīnzì chūmǎ ba."

几个平时勒索老百姓的乡官正要逃跑，被武士
Jǐ ge píngshí lèsuǒ lǎobǎixìng de xiāngguān zhèngyào táopǎo, bèi wǔshì-

们一把抓回来，不由分说，推下了水。
men yìbǎ zhuā huílái, bù yóu fēn shuō, tuīxià le shuǐ.

其他的差役吓得面如土色，哆哩哆嗦地跪在地
Qítā de chāiyì xià de miàn rú tǔ sè, duōliduōsuō de guì zài dì-

上求饶，有的人把脑袋都磕出血了。
shang qiúráo, yǒude rén bǎ nǎodai dōu kēchū xiě le.

从那以后，再也没有人敢提河伯娶媳妇儿的事
Cóng nà yǐhòu, zàiyě méiyǒu rén gǎn tí Hébó qǔ xífur de shì

了。
le.

后来西门豹带领老百姓开掘了十二条河渠，农
Hòulái Xīmén Bào dàilǐng lǎobǎixìng kāijué le shí'èr tiáo héqú, nóng-

田都得到了灌溉，不少荒地变成了良田。老百姓们
tián dōu dédào le guàngài, bùshǎo huāngdì biànchéng le liángtián. Lǎobǎixìngmen

再也不愁收成不好了！
zàiyě bù chóu shōucheng bù hǎo le!

西门豹治邺的事迹传遍了天下，老百姓们都称
Xīmén Bào zhì Yè de shìjì chuánbiàn le tiānxià, lǎobǎixìngmen dōu chēng-

赞他是个好官。
zàn tā shì ge hǎoguān.

얼마 지나지 않아 서문표가 또 말했다. "여자라서 일 처리를 못하니 아무래도 향관(鄕官)들께서 직접 나서서 처리해야겠소."

평소에 백성들을 토색질하던 향관 몇몇이 막 도망가려고 하다가 무사들에게 한 꺼번에 붙잡혀 와서 변명할 새도 없이 물로 밀쳐졌다.

다른 하급관리들은 겁이 나서 얼굴이 흙빛이 되어 부들부들 떨면서 땅에 꿇어 서 용서를 구하였고, 어떤 이는 땅에 머리를 찧어서 피까지 났다.

이때 이후로 아무도 다시는 감히 하백 장가들이는 일을 거론하지 못했다.

훗날 서문표는 백성들을 데리고 수로 열두 줄기를 파서 농토를 모두 관개해 적 지 않은 황무지가 옥토로 바뀌었다. 백성들은 더 이상 수확이 나쁠까 걱정하지 않 게 되었다!

서문표가 업성을 다스린 일은 천하에 전해졌고 백성들은 모두 그가 좋은 관리 라고 칭찬하였다.

乡官 xiāngguān 지방관 ｜ 出马 chūmǎ 나아가서 일을 맡다 ｜ 勒索 lèsuǒ 협박하여 재물을 강탈하다 ｜ 一把 yìbǎ 한 주먹 ｜ 不由分说 bù yóu fēn shuō 변명을 허용하지 않다, 다짜고짜로 ｜ 差役 chāiyì 소리(小吏), 하급 관리 ｜ 面如土色 miàn rú tǔ sè 얼굴이 흙빛이다 ｜ 哆哩哆嗦 duōliduōsuō 덜덜 떨다 ｜ 求饶 qiúráo 용서를 구하다 ｜ 开掘 kāijué 파다, 굴착하다 ｜ 河渠 héqú 수로 ｜ 灌溉 guàngài 관개하다 ｜ 愁 chóu 근심(하다), 걱정(하다) ｜ 收成 shōucheng (작물 등의) 수확 ｜ 事迹 shìjì 사적 ｜ 称赞 chēngzàn 칭찬(하다)

毛遂自荐

毛遂是战国时期赵国人。他是平原君的门客。
Máo Suì shì Zhànguó shíqī Zhàoguórén. Tā shì Píngyuánjūn de ménkè.

有一次，平原君打算带二十个文武双全的门客
Yǒu yí cì, Píngyuánjūn dǎsuan dài èrshí ge wénwǔ shuāngquán de ménkè

去秦国。可他挑来挑去只挑中十九个人，其余的都
qù Qínguó. Kě tā tiāo lái tiāo qù zhǐ tiāozhòng shíjiǔ ge rén, qíyú de dōu

没有看中。
méiyǒu kànzhòng.

平原君十分着急。他叹了口气说："我用几十
Píngyuánjūn shífēn zháojí. Tā tàn le kǒu qì shuō : "Wǒ yòng jǐshí

年的时间，养了这么多门客，连二十个人都挑不出
nián de shíjiān, yǎng le zhème duō ménkè, lián èrshí ge rén dōu tiāo bu chū-

来，真叫我太失望了。"
lái, zhēn jiào wǒ tài shīwàng le."

这时，只见一个门客站起来自己推荐自己说：
Zhèshí, zhǐjiàn yí ge ménkè zhàn qǐlái zìjǐ tuījiàn zìjǐ shuō :

"不知道我能不能算一个？"
"Bù zhīdao wǒ néng bu néng suàn yí ge?"

모수가 자신을 추천하다

　모수(毛遂)는 전국(戰國) 시대 조(趙)나라 사람이다. 그는 평원군(平原君)의 식객이었다.

　한번은 평원군이 문무를 겸비한 식객 스무 명을 데리고 진(秦)나라로 가려고 하였다. 하지만 그는 고르고 골랐지만 겨우 열아홉 명밖에 고르지 못했고, 나머지는 모두 마음에 들지 않았다.

　평원군은 매우 초조했다. 그는 탄식을 하며 말했다. "내가 수십 년 동안 이리도 많은 식객을 돌봐왔건만 스무 명도 추려내지 못하다니 정말 실망스럽군!"

　이때 한 식객이 일어나더니 자신을 추천하면서 말하는 것이었다. "저를 넣어주시면 어떠실런지요?"

双全 shuāngquán (서로 대비되는) 양쪽을 다 갖추다[겸비하다]　｜　挑 tiāo 고르다　｜　中 zhòng 당첨되다, 들어맞다　｜　其余 qíyú 나머지, 남은 것　｜　看中 kànzhòng (보고) 마음에 들다　｜　叹气 tàn qì 탄식하다, 한숨쉬다　｜　推荐 tuījiàn 추천하다　｜　算 suàn 치다, 셈에 넣다, 포함시키다

平原君一看，这个人平时默默无闻，一点儿也
Píngyuánjūn yí kàn, zhè ge rén píngshí mò mò wú wén, yìdiǎnr yě

不引人注意。
bù yǐn rén zhùyì.

他笑着问："你叫什么名字？来这儿几年了？"
Tā xiào zhe wèn : "Nǐ jiào shénme míngzi? Lái zhèr jǐ nián le?"

门客恭恭敬敬地回答道："我叫毛遂，来您这
Ménkè gōnggōngjìngjìng de huídá dào : "Wǒ jiào Máo Suì, lái nín zhè-

儿已经三年了。"
r yǐjing sān nián le."

平原君冷笑了几声，摇着头说："有才能的人，
Píngyuánjūn lěngxiào le jǐ shēng, yáo zhe tóu shuō : "Yǒu cáinéng de rén,

就像一把锥子，放在口袋里，它的尖儿很快就冒出
jiù xiàng yì bǎ zhuīzi, fàng zài kǒudaili, tā de jiānr hěn kuài jiù mào chū-

来了。可先生来我这儿三年，却从没有露过面。"
lái le. Kě xiānsheng lái wǒ zhèr sān nián, què cóng méiyǒu lòu guo miàn."

毛遂听了，也冷笑了几声，他不慌不忙地说：
Máo Suì tīng le, yě lěngxiào le jǐ shēng, tā bù huāng bù máng de shuō :

"您要是早点儿把它搁在口袋里，它早就戳出尖儿
"Nín yàoshi zǎo diǎnr bǎ tā gē zài kǒudaili, tā zǎojiù chuōchū jiānr

来了。"
lái le."

其余的门客听了都嘲笑毛遂自不量力。可平原
Qíyú de ménkè tīng le dōu cháoxiào Máo Suì zì bú liàng lì. Kě Píngyuán-

君倒赏识他的胆量和口才，决定带他同去。
jūn dào shǎngshí tā de dǎnliàng hé kǒucái, juédìng dài tā tóng qù.

这一天，平原君一行人来到了楚国。
Zhè yì tiān, Píngyuánjūn yìxíngrén láidào le Chǔguó.

평원군이 보니, 이 사람은 평소에 이름이 알려져 있지 않은, 전혀 사람들의 이목을 끌지 못하던 사람이었다.

그는 웃으면서 물었다. "그대는 이름이 무엇인가? 여기 온 지 몇 년째인가?"

식객은 공손하게 대답했다. "저는 모수라고 하며, 이곳에 온 지는 벌써 3년이 되었습니다."

평원군은 쓴웃음을 짓고 고개를 저으며 말했다. "재능이 있는 사람은 송곳과 같아서 주머니에 넣어놔도 그 뾰족한 끝이 곧 삐져나오기 마련이오. 허나 선생은 여기 온 지 3년이나 됐건만 여태껏 두드러지지를 않았소."

모수가 듣고는 역시 쓴웃음을 짓고 차분하게 말했다. "당신이 만약 조금 일찍 주머니에 넣어두었더라면 벌써 그 뾰족한 끝이 삐져나왔을 겁니다."

다른 식객들이 듣고 다들 모수가 주제파악을 못한다고 비웃었다. 하지만 평원군은 그의 배포와 언변을 높이 사 그를 데리고 가기로 결정했다.

이날 평원군 일행이 초(楚)나라에 도착했다.

默默无闻 mò mò wú wén 이름이 세상에 알려지지 않다 ┃ 冷笑 lěngxiào 냉소(하다), 조소(하다) ┃ 摇头 yáo tóu 고개를 젓다 [부정·거부의 뜻을 나타냄] ┃ 锥子 zhuīzi 송곳 ┃ 尖儿 jiānr 물체의 날카로운 끝부분이나 뾰족한 윗부분 ┃ 露面 lòu miàn 얼굴을 내밀다, 나타나다 ┃ 戳 chuō 찌르다, 찔러서 구멍을 뚫다 ┃ 嘲笑 cháoxiào 조소하다, 비웃다 ┃ 自不量力 zì bú liàng lì 주제파악을 못하다 ┃ 胆量 dǎnliàng 담보, 용기 ┃ 口才 kǒucái 말재간, 구변

平原君在朝堂上同楚王商量联合抗秦的
Píngyuánjūn zài cháotángshang tóng Chǔwáng shāngliáng liánhé kàng Qín de

事，毛遂和其他门客都在台阶下等着。
shì, Máo Suì hé qítā ménkè dōu zài táijiē xià děng zhe.

他们从早晨一直谈到中午。平原君早已口干舌
Tāmen cóng zǎochén yìzhí tándào zhōngwǔ. Píngyuánjūn zǎoyǐ kǒu gān shé

燥了，可楚王害怕势力强大的秦国，总是不敢答应。
zào le, kě Chǔwáng hàipà shìlì qiángdà de Qínguó, zǒngshì bùgǎn dāying.

毛遂等得不耐烦了。他突然拿着宝剑，冲上台
Máo Suì děng de búnàifán le. Tā tūrán ná zhe bǎojiàn, chōngshàng tái-

阶，高声嚷道："合纵[1]不合纵，三言两语就可以解
jiē, gāoshēng rǎngdào : "Hézòng bù hézòng, sān yán liǎng yǔ jiù kěyǐ jiě-

决了。怎么从早晨谈到现在，这么长的时间还没谈
jué le. Zěnme cóng zǎochén tándào xiànzài, zhème cháng de shíjiān hái méi tán

好呢？"
hǎo ne?"

楚王见上来个不认识的人，不高兴地问："他
Chǔwáng jiàn shànglái ge bú rènshi de rén, bù gāoxìng de wèn : "Tā

是谁？"
shì shéi?"

平原君恭敬地说："是我的门客毛遂。"
Píngyuánjūn gōngjìng de shuō : "Shì wǒ de ménkè Máo Suì."

楚王一听是个门客，更生气了，骂毛遂说：
Chǔwáng yì tīng shì ge ménkè, gèng shēngqì le, mà Máo Suì shuō :

"我跟你的主人商量国家大事，你多什么嘴？快滚
"Wǒ gēn nǐ de zhǔrén shāngliáng guójiā dàshì, nǐ duō shénme zuǐ? Kuài gǔn

下去！"
xiàqù!"

평원군은 초왕(楚王)과 조정에서, 연합하여 진(秦)에 대항할 일을 논의하고 있었고, 모수와 다른 식객들은 모두 단 아래에서 기다리고 있었다.

그들은 아침부터 한낮까지 계속 회담을 했다. 평원군은 진작부터 입이 마르고 혀가 아팠지만, 초왕은 세력이 강성한 진나라가 두려워서 끝내 수락을 하지 못했다.

모수는 기다리다가 참을 수 없을 지경에 이르렀다. 그는 갑자기 보검을 들고 단으로 뛰어 올라가 소리 높여 외쳤다. "연합을 할 지 안 할 지 두세 마디면 끝날 일입니다. 어째서 아침부터 지금까지 회담을 하면서 이리도 긴 시간동안 담판을 짓지 못하는 겁니까?"

초왕은 모르는 사람이 올라오는 것을 보고 불쾌해하며 물었다. "저 사람은 누군가?"

평원군이 공손하게 말했다. "제 식객 모수입니다."

초왕은 식객이라는 말을 듣고 더욱 성을 내면서 모수를 욕하였다. "나와 네 주인이 국가 대사를 상의하는데 네 무슨 쓸데없는 말참견인가? 썩 물러가거라!"

1 **合纵** : 합종. 전국(戰國) 시대 소진(蘇秦)이 제창한 외교 정책. 한(韓)·위(魏)·조(趙)·연(燕)·초(楚)·제(齊)의 6국이 연합해서 진(秦)에 맞서야 한다고 주장. 진(秦)과의 화의(和議)를 주장한 장의(張儀)가 주창한 연횡책(連橫策)과 더불어 '합종연횡책(合縱連橫策)'이라고 칭한다.

朝堂 cháotáng 조정 ┃ **抗** kàng 저항하다, 대항하다 ┃ **台阶** táijiē 섬돌, 층계 ┃ **口干舌燥** kǒu gān shé zào 입이 마르고 혀가 아프다, 몹시 떠들어서 고단하다 ┃ **不耐烦** búnàifán 견디지 못하다 ┃ **冲** chōng 돌진하다 ┃ **嚷道** rǎngdào 큰 소리로 말하다 ┃ **三言两语** sān yán liǎng yǔ 두세 마디 말, 몇 마디 말 ┃ **多嘴** duō zuǐ 쓸데없는 말을 하다, 쓸데없는 말참견하다 ┃ **滚** gǔn 나가다

毛遂丝毫没有害怕，他握着宝剑又往前走了一
Máo Suì sīháo méiyǒu hàipà, tā wò zhe bǎojiàn yòu wǎng qián zǒu le yí

步说："合纵抗秦是天下大事。天下大事天下人都
bù shuō : "Hézòng kàng Qín shì tiānxià dàshì. Tiānxià dàshì tiānxiàrén dōu

有说话的份儿。何况我的主人也在这里，您斥责什
yǒu shuōhuà de fènr. Hékuàng wǒ de zhǔrén yě zài zhèlǐ, nín chìzé shén-

么呢？"
me ne?"

楚王看他带着剑，说话又在理，有点儿害怕。
Chǔwáng kàn tā dài zhe jiàn, shuōhuà yòu zàilǐ, yǒudiǎnr hàipà.

他立即和气地陪着笑说："那请先生说说您的高见
Tā lìjí héqi de péi zhe xiào shuō : "Nà qǐng xiānsheng shuōshuo nín de gāojiàn

吧。"
ba."

毛遂不慌不忙地说："楚国原来是个称霸的大
Máo Suì bù huāng bù máng de shuō : "Chǔguó yuánlái shì ge chēngbà de dà-

国。可自从秦国兴起，楚国连连败退。首先，堂堂
guó. Kě zìcóng Qínguó xīngqǐ, Chǔguó liánlián bàituì. Shǒuxiān, tángtáng

国君成了他们的俘虏，死于他乡。接着，他们夺去
guójūn chéng le tāmen de fúlǔ, sǐ yú tāxiāng. Jiēzhe, tāmen duóqù

楚国的国都，逼得大王迁都。难道这些耻辱大王都
Chǔguó de guódū, bī de dàwáng qiāndū. Nándào zhèxiē chǐrǔ dàwáng dōu

忘了吗？老实说，今天我们主人跟大王商议抗秦的
wàng le ma? Lǎoshi shuō, jīntiān wǒmen zhǔrén gēn dàwáng shāngyì kàng Qín de

大事，也是为你们着想。大王怎么就不想想呢？"
dàshì, yě shì wèi nǐmen zhuóxiǎng. Dàwáng zěnme jiù bù xiǎngxiang ne?"

모수는 조금도 두려워하지 않으며 보검을 잡고 또 앞으로 한 걸음 나서며 말했다. "연합하여 진나라에 대항하는 것은 천하 대사입니다. 천하 대사는 천하 모든 사람에게 말할 자격이 있습니다. 더군다나 제 주인도 이곳에 계신데 왕께서 무엇을 꾸짖으십니까?"

초왕은 그가 검을 가지고 있고 말에 또 일리가 있어 슬쩍 겁이 났다. 그는 곧 부드러운 웃음을 띠고 말했다. "그렇다면 선생께서 고견을 말씀해 보시지요."

모수는 침착하게 말했다. "초나라는 원래 패권을 잡은 대국이었습니다. 하지만 진나라가 일어나고부터 초나라는 계속해서 패배를 했습니다. 먼저 훌륭한 군왕께서 그들의 포로가 되어 타향에서 돌아가셨습니다. 곧이어 그들은 초나라의 수도를 탈취하고 대왕을 압박하여 천도하게 했습니다. 설마 이러한 치욕을 대왕께서 잊으신 건 아니겠지요? 사실 오늘 우리 주인이 진나라에 대항하는 일을 대왕과 상의하는 것도 당신들을 위한 것입니다. 대왕께서는 어째서 생각하지 않으십니까?"

丝毫 sīháo 추호, 극히 적은 수량[주로 부정문에 쓰임] | 握 wò (손으로) 쥐다[잡다] | 份儿 fènr 몫 | 何况 hékuàng 하물며, 더군다나 | 斥责 chìzé 질책하다, 탓하다, 꾸짖다 | 在理 zàilǐ 도리에 맞다 | 和气 héqi 온화하다, 부드럽다 | 赔笑 péi xiào 웃는 낯으로 대하다 | 称霸 chēngbà 패권을 잡다, 제패하다 | 兴起 xīngqǐ 일어나다, 흥기하다 | 连连 liánlián 줄곧, 계속해서 | 败退 bàituì 패퇴하다 | 堂堂 tángtáng 용모나 태도가 훌륭하다, 당당하다 | 俘虏 fúlǔ 포로 | 逼 bī 호되게 독촉하여 받다, 강제로 받아 내다 | 迁都 qiāndū 천도하다 | 耻辱 chǐrǔ 치욕 | 老实说 lǎoshí shuō 솔직히 말하면 | 商议 shāngyì 상의하다, 토의하다 | 着想 zhuóxiǎng 염두에 두다

楚王听了毛遂的话，不由得脸红了。这些话像
Chǔwáng tīng le Máo Suì de huà, bùyóude liǎn hóng le. Zhèxiē huà xiàng

针扎一样刺痛了他的心。
zhēn zhā yíyàng cìtòng le tā de xīn.

他赶忙说：“说的是呀！”
Tā gǎnmáng shuō : "Shuō de shì ya!"

毛遂立刻问：“那么合纵的事，大王决定了吗？”
Máo Suì lìkè wèn : "Nàme hézòng de shì, dàwáng juédìng le ma?"

楚王坚定地说：“决定了！”
Chǔwáng jiāndìng de shuō : "Juédìng le!"

于是，楚王和平原君共同立下了抵抗秦国的
Yúshì, Chǔwáng hé Píngyuánjūn gòngtóng lìxia le dǐkàng Qínguó de

盟约。
méngyuē.

从那以后，自我推荐的毛遂为平原君出谋划
Cóng nà yǐhòu, zìwǒ tuījiàn de Máo Suì wèi Píngyuánjūn chū móu huà

策，得到平原君的赏识。他为平原君办成了许多大
cè, dédào Píngyuánjūn de shǎngshí. Tā wèi Píngyuánjūn bànchéng le xǔduō dà-

事。
shì.

초왕은 모수의 말을 듣고 자기도 모르게 얼굴이 붉어졌다. 이 말은 바늘처럼 그의 마음을 찔렀다.

그는 급히 말했다. "맞는 말이군!"

모수가 바로 물었다. "그렇다면 연합하는 일을 대왕께서는 결정하신 겁니까?"

초왕이 결연하게 말했다. "결정했소!"

이리하여 초왕과 평원군은 진나라에 대항하는 맹약을 공동으로 체결하였다.

이때부터 스스로를 추천한 모수는 평원군을 위해 계책을 세웠으며 평원군의 총애를 받았다. 그는 평원군을 위해서 많은 큰 일을 해냈다.

脸红 liǎn hóng 얼굴이 빨갛다, 부끄러워하다 ┃ 扎 zhā (침이나 가시 등으로) 찌르다 ┃ 刺痛 cìtòng (듣는 사람의 마음이 뜨끔하도록) 쏘다[말하다] ┃ 坚定 jiāndìng (입장·주장·의지 따위가) 확고하다, 굳다 ┃ 立下 lìxià 체결하다, 정하다 ┃ 抵抗 dǐkàng 저항(하다), 대항(하다) ┃ 盟约 méngyuē 맹약, 동맹서약[조약] ┃ 出谋划策 chū móu huà cè 계획을 생각해 내다, 획책(劃策)하다

第一位皇帝——秦始皇

公元前二百多年，秦王兼并了六国，统一了中
Gōngyuánqián èrbǎi duō nián, Qínwáng jiānbìng le liù guó, tǒngyī le Zhōng-

国，他成为中国历史上第一位皇帝。历史上称他为
guó, tā chéngwéi Zhōngguó lìshǐshang dì-yī wèi huángdì. Lìshǐshang chēng tā wéi

秦始皇。
Qín Shǐhuáng.

秦始皇聪明果断，是一位很有作为的皇帝。他
Qín Shǐhuáng cōngming guǒduàn, shì yí wèi hěn yǒu zuòwéi de huángdì. Tā

统一中国后，采取了许多措施治理国家。
tǒngyī Zhōngguó hòu, cǎiqǔ le xǔduō cuòshī zhìlǐ guójiā.

首先，秦始皇统一了文字。以前，中国分为七
Shǒuxiān, Qín Shǐhuáng tǒngyī le wénzì. Yǐqián, Zhōngguó fēnwéi qī

个小国，各国的文字写法不同。为了方便各地的文
ge xiǎoguó, gèguó de wénzì xiěfǎ bùtóng. Wèile fāngbiàn gèdì de wén-

化交流，秦始皇规定了统一的文字写法和读音。这
huà jiāoliú, Qín Shǐhuáng guīdìng le tǒngyī de wénzì xiěfǎ hé dúyīn. Zhè

叫做"书同文"。
jiào zuò "shūtóngwén".

첫 번째 황제 — 진시황(秦始皇)

기원전 2백여 년, 진왕(秦王)은 6국을 합병하여 중국을 통일하였다. 그는 중국 역사상 첫 번째 황제가 되었다. 역사에서는 그를 진시황(秦始皇)이라고 부른다.

진시황은 총명하고 과단성이 있는, 큰 업적을 이루어 낸 황제이다. 그는 중국을 통일한 뒤 여러 조치를 취하여 나라를 다스렸다.

우선, 진시황은 문자를 통일하였다. 이전에 중국은 7개의 소국으로 나뉘어져 있었으며 각국의 문자 서체가 달랐다. 각지 문화 교류의 편리를 위하여 진시황은 통일된 문자 서체와 독음을 규정하였다. 이것을 일컬어 '서동문(書同文)'이라고 한다.

兼并 jiānbìng 합병하다, 통일하다 | 作为 zuòwéi 성과를 내다 | 措施 cuòshī 조치, 대책 | 写法 xiěfǎ 글씨 쓰는 법 | 规定 guīdìng 규정하다, 정하다 | 读音 dúyīn (글자의) 발음

其次，秦始皇统一了交通。没看统一中原之前，
Qícì, Qín Shǐhuáng tǒngyī le jiāotōng. Méi kàn tǒngyī Zhōngyuán zhīqián,

各国的车辆大小不一，因此车道也有宽有窄，不统
gèguó de chēliàng dàxiǎo bùyī, yīncǐ chēdào yě yǒu kuān yǒu zhǎi, bù tǒng-

一。那样，来往的车辆太不方便了！于是，秦始皇
yī. Nàyàng, láiwǎng de chēliàng tài bù fāngbiàn le! Yúshì, Qín Shǐhuáng

规定，车辆上两个轮子的距离一律改为六尺。这样，
guīdìng, chēliàngshang liǎng ge lúnzi de jùlí yílǜ gǎiwéi liù chǐ. Zhèyàng,

车轮的轨道相同了，全国来往的车辆都可以在同样
chēlún de guǐdào xiāngtóng le, quánguó láiwǎng de chēliàng dōu kěyǐ zài tóngyàng

宽的道路上走，方便了许多。这被称为"车同轨"。
kuān de dàolùshang zǒu, fāngbiàn le xǔduō. Zhè bèi chēngwéi "chētóngguǐ".

从那以后，全国交通十分便利，因此商业也就
Cóng nà yǐhòu, quánguó jiāotōng shífēn biànlì, yīncǐ shāngyè yějiù

发达了。不过又出现了新的问题。
fādá le. Búguò yòu chūxiàn le xīn de wèntí.

原来，各国的尺寸、斤两标准都完全不同。有
Yuánlái, gèguó de chǐcùn、jīnliǎng biāozhǔn dōu wánquán bùtóng. Yǒu-

的长，有的短；有的轻，有的重。商人们常常为
de cháng, yǒude duǎn ; Yǒude qīng, yǒude zhòng. Shāngrénmen chángcháng wèi

此而争吵不休，甚至告状到官府，但当官的也不知
cǐ ér zhēngchǎo bùxiū, shènzhì gàozhuàng dào guānfǔ, dàn dāngguānde yě bù zhī

怎样才好。
zěnyàng cái hǎo.

그 다음, 진시황은 교통을 통일하였다. 중원을 통일하기 전에 각국의 수레 크기는 달랐다. 때문에 수레 길도 넓거나 좁아서 통일되지 않았다. 이러하니 수레가 다니는데 불편함이 말이 아니었다. 그래서 진시황은 수레의 두 바퀴 사이의 거리를 일률적으로 6척으로 바꾸기로 정하였다. 이렇게 수레바퀴의 궤도가 같아지자 전국을 왕래하는 수레는 모두 똑같은 폭의 도로에서 다닐 수 있게 되어 매우 편리해졌다. 이를 '거동궤(車同軌)'라고 부른다.

그 후로 전국의 교통은 매우 편리해져서 상업도 발달하게 되었다. 하지만 새로운 문제가 나타났다.

원래, 각국의 길이와 무게의 기준이 완전히 달랐다. 어떤 곳은 길고, 어떤 곳은 짧고, 어떤 곳은 가볍고, 어떤 곳은 무거웠다. 상인들은 늘 이 때문에 분쟁이 끊이지를 않았다. 심지어 관아에 고소를 하였지만 관리도 어떻게 해야 할 지를 몰랐다.

车辆 chēliàng 차량 ｜ 不一 bùyī 일치하지 않다, 같지 않다 ｜ 车道 chēdào 차도 ｜ 有……有…… yǒu……yǒu…… 반대어나 상대어를 병렬시켜 그 겸비된 뜻을 강조함 ｜ 方便 fāngbiàn 편리하다 ｜ 轮子 lúnzi 수레 바퀴 ｜ 距离 jùlí 거리, 간격 ｜ 一律 yílǜ 일률적으로, 예외 없이 ｜ 车轮 chēlún 수레바퀴, 차바퀴 ｜ 轨道 guǐdào 궤도, 선로 ｜ 尺寸 chǐcùn 치수 ｜ 斤两 jīnliǎng 무게 ｜ 争吵 zhēngchǎo 말다툼하다 ｜ 不休 bùxiū 멈추지 않다, 쉬지 않다 [주로 보어(補語)로 쓰임] ｜ 告状 gàozhuàng 고소하다 ｜ 官府 guānfǔ 관청, 관아 ｜ 当官的 dāngguānde 관리

秦始皇听说了就又下命令规定了全国统一的
Qín Shǐhuáng tīngshuō le jiù yòu xià mìnglìng guīdìng le quánguó tǒngyī de

度量制。从那以后，各地的买卖生意再也没有困难
dùliángzhì. Cóng nà yǐhòu, gèdì de mǎimai shēngyi zàiyě méiyǒu kùnnan

了。
le.

有一次，秦始皇召集大臣询问民情，几位大臣
Yǒu yí cì, Qín Shǐhuáng zhàojí dàchén xúnwèn mínqíng, jǐ wèi dàchén

对秦始皇说："现在，我们国家这么大，要是不分
duì Qín Shǐhuáng shuō : "Xiànzài, wǒmen guójiā zhème dà, yàoshi bù fēn

一些王去治理各个地方，恐怕会天下大乱！"
yìxiē wáng qù zhìlǐ gè ge dìfang, kǒngpà huì tiānxià dàluàn!"

秦始皇听了，觉得有一些道理，但他又想：万
Qín Shǐhuáng tīng le, juéde yǒu yìxiē dàolǐ, dàn tā yòu xiǎng : Wàn-

一那些王各守一方，互相残杀，或者私下联盟，那
yī nàxiē wáng gè shǒu yìfāng, hùxiāng cánshā, huòzhě sīxià liánméng, nà

我可就有危险了呀！
wǒ kě jiù yǒu wēixiǎn le ya!

于是，秦始皇对大臣们说："我决定采用郡县
Yúshì, Qín Shǐhuáng duì dàchénmen shuō : "Wǒ juédìng cǎiyòng jùnxiàn-

制。把全国分成三十六个郡，郡下面再分县。郡的
zhì. Bǎ quánguó fēnchéng sānshí liù ge jùn, jùn xiàmian zài fēn xiàn. Jùn de

长官由朝廷直接任命。诸位大臣觉得怎么样？"
zhǎngguān yóu cháotíng zhíjiē rènmìng. Zhūwèi dàchén juéde zěnmeyàng?"

这样，秦始皇就把权力集中到了他一个人身
Zhèyàng, Qín Shǐhuáng jiù bǎ quánlì jízhōng dào le tā yí ge rén shēn-

上。大臣们都很佩服他。
shang. Dàchénmen dōu hěn pèifú tā.

진시황이 듣고는 전국적으로 통일된 도량제를 규정하기를 명하였다. 이로부터 각지의 장사거래에 더 이상 어려움이 없어졌다.

한번은 진시황이 대신들을 소집하여 민심을 물었다. 몇몇 대신이 진시황에게 말했다. "지금 우리나라가 이렇게 크니, 만약 왕들에게 각 지역을 나누어 다스리게 하지 않으면 아마 천하가 크게 어지러울 것입니다!"

진시황은 듣고 일리가 있다고 여겼지만 그는 한편 생각하였다. '만일 그 왕들이 각자 자기 자리를 지키며 서로 살륙하게 되거나, 혹 은밀히 연맹을 맺게 되면 내가 위험해질 것이 아닌가!'

그래서 진시황은 대신들에게 말했다. "나는 군현제(郡縣制)를 채택하기로 결정하였다. 전국을 36개의 군(郡)으로 나누고, 군 아래를 다시 현(縣)으로 나눈다. 군의 장관은 조정에서 직접 임명한다. 여러 대신들은 어떻게 생각하는가?"

이렇게 진시황은 권력을 자신 한 사람에게 집중시켰다. 대신들은 모두 그에게 탄복하였다.

度量制 dùliángzhì (길이 · 무게 · 부피 따위의) 도량제 ┃ 买卖 mǎimai 장사, 매매 ┃ 生意 shēngyi 장사, 영업 ┃ 困难 kùnnan 곤란, 어려움, 애로 ┃ 询问 xúnwèn 알아보다, 문의하다 ┃ 民情 mínqíng 민심(民心) ┃ 残杀 cánshā 잔인하게 죽이다 ┃ 私下 sīxià 몰래, 살짝 ┃ 长官 zhǎngguān 장관, 옛날 행정단위나 군대의 고급관리 ┃ 任命 rènmìng 임명(하다) ┃ 佩服 pèifú 탄복하다, 감탄하다

经过这些改革，老百姓们过上了安宁幸福的生
活。

后来，为了防御匈奴侵犯中原，秦始皇命人把
燕国、赵国、秦国三国的城墙连接起来。

这条城墙西起临洮，东到辽东，堪称万里长
城。它举世闻名，是中华民族古老悠久文明的象征。

有一年，秦始皇听说有一批读书人不学现在，
却学古代，还对国家大事乱发议论，造谣生事。

他就下了一道命令：凡是私藏的《诗》[1]、《书》[2]，
以及百家言论的书籍，全部都得上交烧掉，否则死
罪。

1 《诗》：시경(詩經). 오경(五經)의 하나. 중국 최고(最古) 시집으로, 주나라 초부
터 춘추 시대까지의 시 311편을 풍(風)·아(雅)·송(頌) 세 부분으로 나누어 수록
하였다.

2 《书》：서경(書經), 상서(尙書). 공자가 요임금과 순임금 때부터 주나라에 이르
기까지의 정사(政事)에 관한 문서를 수집하여 편찬한 책으로, 중국에서 가장 오래
된 경전이다.

이러한 개혁을 거쳐 백성들은 편안하고 행복한 생활을 영위하게 되었다.

후에 흉노가 중원을 침략하는 것을 막기 위하여 진시황은 연(燕)나라, 조(趙)나라, 진(秦)나라 3국의 성벽을 연결시킬 것을 명하였다.

이 성벽은 서쪽으로는 임조(臨洮)에서 시작되어 동쪽으로는 요동(遼東)에 이르니, 만리장성이라고 부를 만하였다. 이것은 온 세상에 유명한 중화민족 고유 문명의 상징이다.

어느 해, 진시황은 한 무리의 학자들이 현재 것을 공부하지 않고 옛 것을 공부하며, 또 국가 대사에 대하여 제멋대로 왈가왈부하며 유언비어를 퍼뜨리고 말썽을 일으킨다는 사실을 전해들었다.

그는 곧 명령을 내렸다. '모두 사사로이 소장한 『시경(詩經)』, 『서경(書經)』 및 백가(百家)의 말을 담은 서적은 전부 위에 바쳐 태워버려야 하며 그렇지 않을 경우 사형에 처한다.'

安宁 ānníng (소요가 없이) 평안하다 ┃ 防御 fángyù 방어(하다) ┃ 侵犯 qīnfàn 침범하다 ┃ 城墙 chéngqiáng 성벽 ┃ 堪 kān ~할 수 있다, ~할 만하다 ┃ 举世 jǔshì 온 세상 ┃ 闻名 wénmíng 유명하다 ┃ 悠久 yōujiǔ 유구하다, 장구(長久)하다 ┃ 象征 xiàngzhēng 상징(하다) ┃ 读书人 dúshūrén 지식인, 학자 ┃ 造谣 zàoyáo 헛소문을 내다, 유언비어를 퍼뜨리다 ┃ 生事 shēngshì 말썽을 일으키다 ┃ 私藏 sīcáng 몰래 숨겨 두다 ┃ 上交 shàngjiāo 윗사람에게 넘기다[주다] ┃ 否则 fǒuzé 만약 그렇지 않으면

谁知第二年又有儒生议论古籍，并且批评秦始
Shéizhī dì-èr nián yòu yǒu rúshēng yìlùn gǔjí, bìngqiě pīpíng Qín Shǐ-

皇。
huáng.

秦始皇十分恼怒，便把许多违反命令的儒生都
Qín Shǐhuáng shífēn nǎonù, biàn bǎ xǔduō wéifǎn mìnglìng de rúshēng dōu

活活埋掉，杀死了许多有才干的人。这就是历史上
huóhuó máidiào, shāsǐ le xǔduō yǒu cáigàn de rén. Zhè jiùshì lìshǐshang

著名的"焚书坑儒[1]"事件。
zhùmíng de "fénshūkēngrú" shìjiàn.

从那以后，有人悄悄议论秦始皇，称他为暴君。
Cóng nà yǐhòu, yǒurén qiāoqiāo yìlùn Qín Shǐhuáng, chēng tā wéi bàojūn.

但秦始皇建立郡县制，统一度量衡，修筑长城，
Dàn Qín Shǐhuáng jiànlì jùnxiànzhì, tǒngyī dùliánghéng, xiūzhù chángchéng,

做到车同轨，书同文，这些都是好事情。
zuòdào chētóngguǐ, shūtóngwén, zhèxiē dōu shì hǎo shìqing.

更重要的是，他将中国统一成一个东方大国。
Gèng zhòngyào de shì, tā jiāng Zhōngguó tǒngyī chéng yí ge dōngfāng dàguó.

他不愧为中国一位有作为的皇帝。
Tā búkuì wéi Zhōngguó yí wèi yǒu zuòwéi de huángdì.

뜻밖에도 이듬해 또 어떤 유생이 고적을 의론하면서 진시황을 비평하였다.

진시황은 매우 노하여 명을 위반한 많은 유생들을 모두 산채로 묻어, 많은 재능 있는 사람을 죽였다. 이것이 바로 역사상 그 유명한 '분서갱유(焚書坑儒)' 사건이다.

이로부터 사람들은 은밀하게 진시황을 비평하며 그를 폭군이라고 불렀다.

그렇지만 진시황은 군현제를 수립하고 도량형을 통일하였으며 만리장성을 축조하였고, 수레바퀴 폭을 통일하고 문자를 통일하였으니 이것들은 모두 좋은 일이다.

더욱 중요한 것은 그가 중국을 동방의 대국으로 통일시켰다는 것이다. 그는 업적을 이룬 중국의 황제라 하기에 손색없다.

1 焚书坑儒 : 분서갱유. 진시황이 학자들의 정치적 비판을 막기 위하여 민간의 책 가운데 의약, 복서(卜筮), 농업에 관한 것만을 제외하고 모든 서적을 불태우고 수많은 유생을 구덩이에 묻어죽인 일.

儒生 rúshēng 유생 ｜ 违反 wéifǎn 위반하다, 위반되다 ｜ 活活 huóhuó 산채로 ｜ 埋 mái (흙·눈·낙엽 등으로) 묻다, 파묻다 ｜ 悄悄 qiāoqiāo 조용하다, 은밀하다 ｜ 暴君 bàojūn 폭군 ｜ 修筑 xiūzhù 세우다, 건설하다 ｜ 不愧 búkuì 손색없다

13

指鹿为马

公元前二百多年，秦始皇病死，他的小儿子胡
Gōngyuánqián èrbǎi duō nián, Qín Shǐhuáng bìngsǐ, tā de xiǎo érzi Hú-

亥在太监赵高的帮助下夺取了皇位，这就是秦二世。
hài zài tàijiān Zhào Gāo de bāngzhù xià duóqǔ le huángwèi, zhè jiùshì Qín Èrshì.

秦二世是个残暴昏庸的国君，他任用心狠手辣
Qín Èrshì shì ge cánbào hūnyōng de guójūn, tā rènyòng xīn hěn shǒu là

的赵高为丞相，杀害了许多有才能的大臣。
de Zhào Gāo wéi chéngxiàng, shāhài le xǔduō yǒu cáinéng de dàchén.

然而，赵高取得了秦二世的信任后，就想自己
Rán'ér, Zhào Gāo qǔdé le Qín Èrshì de xìnrèn hòu, jiù xiǎng zìjǐ

当皇帝。他担心大臣们不服从他，就想在大臣中间
dāng huángdì. Tā dānxīn dàchénmen bù fúcóng tā, jiù xiǎng zài dàchén zhōngjiān

测试一下。
cèshì yíxià.

这一天，赵高来到皇宫，恰好大臣们都在商议
Zhè yì tiān, Zhào Gāo láidào huánggōng, qiàhǎo dàchénmen dōu zài shāngyì

国家大事。
guójiā dàshì.

사슴을 가리켜 말이라고 하다

기원전 2백여 년, 진시황이 병으로 죽자 그의 어린 아들 호해(胡亥)는 환관 조고(趙高)의 도움으로 황제의 자리를 탈취하였다. 이가 바로 진이세(秦二世)이다.

진이세는 난폭하고 우둔한 군주였다. 그는 잔인하고 냉혹한 조고를 승상(丞相)으로 임용하여 많은 재능 있는 대신들을 죽였다.

그렇지만 조고는 진이세의 신임을 얻은 뒤에 자신이 황제 노릇을 하려고 했다. 그는 대신들이 그에게 복종하지 않을까봐 걱정하여 대신들 틈에서 시험해 보려고 하였다.

어느 날, 조고가 황궁에 도착했을 때 마침 대신들이 국가 대사를 논의하고 있었다.

太监 tàijiān 환관(宦官)　┃　夺取 duóqǔ (무력으로) 빼앗다. 탈취하다　┃　残暴 cánbào 잔학(殘虐)하다 ┃　昏庸 hūnyōng 멍청하고 어리석다　┃　任用 rènyòng 임용(하다)　┃　心狠手辣 xīn hěn shǒu là 마음이 독하고 하는 짓이 악랄하다　┃　丞相 chéngxiàng 승상　┃　测试 cèshì 시험하다　┃　恰好 qiàhǎo 마침

他趾高气扬地对秦二世说：“皇上，再过几天
Tā zhǐ gāo qì yáng de duì Qín Èrshì shuō : "Huángshang, zài guò jǐ tiān

就是您的寿辰了。我特意叫人挑了一匹上好的千里
jiùshì nín de shòuchén le. Wǒ tèyì jiào rén tiāo le yì pǐ shànghǎo de qiānlǐ-

马送给您作礼物。”
mǎ sònggěi nín zuò lǐwù."

说完了，他叫人拉了一匹马来。
Shuō wán le, tā jiào rén lā le yì pǐ mǎ lái.

只见那匹马头上长着鹿角，身上有梅花鹿一样
Zhǐjiàn nà pǐ mǎ tóushang zhǎng zhe lùjiǎo, shēnshang yǒu méihuālù yíyàng

的斑点，很好看。大臣们看了，都小声地议论：“这
de bāndiǎn, hěn hǎokàn. Dàchénmen kàn le, dōu xiǎoshēng de yìlùn : "Zhè

分明是一只梅花鹿，怎么说是马呢？”
fēnmíng shì yì zhī méihuālù, zěnme shuō shì mǎ ne?"

秦二世愣了一下，他也不知道赵高的葫芦里卖
Qín Èrshì lèng le yíxià, tā yě bù zhīdao Zhào Gāo de húluli mài

的什么药。
de shénme yào.

他笑着说：“丞相弄错了吧，这是只梅花鹿，
Tā xiào zhe shuō : "Chéngxiàng nòngcuò le ba, zhè shì zhī méihuālù,

不是千里马。丞相怎么指着鹿说是马呢？”
búshì qiānlǐmǎ. Chéngxiàng zěnme zhǐ zhe lù shuō shì mǎ ne?"

赵高对秦二世说：“皇上，是您错了，这是马，
Zhào Gāo duì Qín Èrshì shuō : "Huángshang, shì nín cuò le, zhè shì mǎ,

而不是鹿！”
ér búshì lù!"

그는 거드름을 피우며 진이세에게 물었다. "폐하, 며칠 더 지나면 폐하의 생신입니다. 제가 특별히 사람을 시켜 매우 좋은 천리마를 골라 폐하께 선물로 드리려고 합니다."

그는 말을 마치고 사람을 시켜 말 한 필을 끌고 왔다.

그 말 머리에는 사슴뿔이 있었고 몸뚱이에는 꽃사슴과 같은 반점이 있어 매우 아름다웠다. 대신들이 보고는 모두 작은 소리로 수군댔다. "이건 분명히 꽃사슴인데 어째서 말이라고 하는 거지?"

진이세는 어리둥절해졌다. 그도 조고가 무슨 꿍꿍이인지 몰랐다.

그는 웃으면서 말했다. "승상이 잘못 알았소. 이건 꽃사슴이지 천리마가 아니오. 승상은 어째서 사슴을 가리켜 말이라고 하오?"

조고는 진이세에게 말했다. "폐하, 폐하께서 잘못 아셨습니다. 이건 말이지 사슴이 아닙니다!"

趾高气扬 zhǐ gāo qì yáng 우쭐거리다 ┃ 皇上 huángshang 폐하 ┃ 寿辰 shòuchén 생신 ┃ 特意 tèyì 특별히 ┃ 上好 shànghǎo 최상의, 최고의 ┃ 鹿角 lùjiǎo 사슴뿔 ┃ 梅花鹿 méihuālù 꽃사슴 ┃ 斑点 bāndiǎn 반점, 얼룩점 ┃ 分明 fēnmíng 명백히, 분명히 ┃ 葫芦 húlu 알 수 없는 꿍꿍이 ┃ 卖药 mài yào 계책을 꾸미다, 꿍꿍이수작을 하다 ┃ 弄错 nòngcuò 잘못 알다

接着他又转身问大臣们："你们看这是鹿还是
Jiēzhe tā yòu zhuǎnshēn wèn dàchénmen : "Nǐmen kàn zhè shì lù háishi

马呀?"
mǎ ya?"

有的大臣不敢得罪赵高，也不敢欺瞒皇帝，一
Yǒude dàchén bùgǎn dézuì Zhào Gāo, yě bùgǎn qīmán huángdì, yì

言不发。
yán bù fā.

有的大臣知道赵高势力强大，想巴结他，就说：
Yǒude dàchén zhīdao Zhào Gāo shìlì qiángdà, xiǎng bājie tā, jiù shuō :

"确实是匹马!"
"Quèshí shì pǐ mǎ!"

还有的大臣呢，他们正直无私，实事求是，坚
Hái yǒude dàchén ne, tāmen zhèng zhí wú sī, shí shì qiú shì, jiān-

定地说："是鹿!"
dìng de shuō : "Shì lù!"

赵高把那些说实话的人都记在了心里。
Zhào Gāo bǎ nàxiē shuō shíhuà de rén dōu jì zài le xīnli.

后来，赵高利用职权诬陷那些不同他同流合污
Hòulái, Zhào Gāo lìyòng zhíquán wūxiàn nàxiē bùtóng tā tóng liú hé wū

的大臣，一一杀害了他们。剩下的大臣都十分害怕
de dàchén, yīyī shāhài le tāmen. Shèngxia de dàchén dōu shífēn hàipà

赵高，不敢不听他的话了。
Zhào Gāo, bùgǎn bù tīng tā de huà le.

곧이어 그는 몸을 돌려 대신들에게 물었다. "그대들이 보기에 이것이 사슴이오, 말이오?"

어떤 대신은 감히 조고의 미움을 살 수 없고 또 황제를 속일 수도 없어서 한 마디도 하지 못했다.

어떤 대신은 조고의 세력의 막강하다는 것을 알고 그의 비위를 맞추려고 말했다. "틀림없는 말입니다!"

또 어떤 대신은 정직하고 공평무사하여, 있는 사실 그대로 확고하게 말했다. "사슴입니다!"

조고는 사실대로 말한 사람들을 마음속에 기억해 두었다.

훗날 조고는 직권을 이용하여 자기와 함께 나쁜 짓에 참여하지 않는 대신들을 모함하여 하나하나 죽였다. 남은 대신들은 모두 조고를 매우 두려워하며 그의 말을 듣지 않을 수 없었다.

得罪 dézuì 남의 미움을 사다 ┃ 欺瞒 qīmán 속이다 ┃ 巴结 bājie 아부하다, 비위를 맞추다 ┃ 正直无私 zhèng zhí wú sī 정직하여 사심이 없다 ┃ 职权 zhíquán 직권 ┃ 诬陷 wūxiàn 없는 사실을 꾸며 죄에 빠뜨리다 ┃ 同流合污 tóng liú hé wū 못된 놈들과 한패거리가 되어 나쁜짓을 하다 ┃ 一一 yīyī 하나하나, 일일이

1 **본문을 읽고 다음 물음에 답하시오.**

(1) 西门豹为什么打算亲自去看河伯娶亲的事?

    A. 他认为河伯的婚礼很有意思

    B. 他认为参与娶亲是当官的义务

    C. 为了不让土豪劣绅随便作怪

(2) 囊中之锥是什么意思?

    A. 有才能的人像一把锥子，放在口袋里，它的尖儿就冒出来了

    B. 拿锥子扎也不冒血

    C. 强者规田以千数，弱者曾无立锥之居

(3) 书同文是什么?

    A. 统一文字写法和读音的措施

    B. 车辆上两个轮子的距离一律改为六尺的措施

    C. 实行全国统一的度量制的措施

2 **녹음을 듣고 빈칸에 들어갈 말을 써 넣으시오.**

(1) 其他的差役吓得(　　　　　　)，哆哩哆嗦地跪在地上求饶，有
的人把脑袋都磕出血来了。

(2) 这个人平时(　　　　　)，一点儿也不(　　　　　)。

(3) 秦二世是个(　　　　　)的国君，他任用(　　　　　)的赵高为
丞相，杀害了许多有才能的大臣。

3 **다음 문장을 자연스러운 우리말로 옮기시오.**

(1) 合纵不合纵，三言两语就可以解决了。怎么从早晨谈到现在，这么长的时间还没谈好呢?

　➡

(2) 凡是私藏的《诗》、《书》，以及百家言论的书籍，全部都得上交烧掉，否则死罪。

　➡

4 **다음 문장을 자연스러운 중국어로 옮기시오.**

(1) 무당이 나이가 많아서 소용이 없는가 보니 번거롭겠지만 제자가 가서 재촉하시오.

　➡

(2) 진이세는 어리둥절해졌고, 그도 조고가 무슨 꿍꿍이수작인지 몰랐다.

　➡

14

张良学艺

西汉时有一位大臣叫张良，能文能武，有勇
Xīhàn shí yǒu yí wèi dàchén jiào Zhāng Liáng, néng wén néng wǔ, yǒu yǒng

有谋，是一个非常有才干的人。可他学艺的时候，
yǒu móu, shì yí ge fēicháng yǒu cáigàn de rén. Kě tā xué yì de shíhou,

吃了很多苦呢！
chī le hěn duō kǔ ne!

有一次，张良一个人外出散步。他刚走到一座
Yǒu yí cì, Zhāng Liáng yí ge rén wàichū sànbù. Tā gāng zǒudào yí zuò

大桥上，就看见一个老头儿。
dàqiáoshang, jiù kànjiàn yí ge lǎotóur.

老头儿身穿一件土黄色的粗布大褂，搭拉着腿
Lǎotóur shēn chuān yí jiàn tǔhuángsè de cūbù dàguà, dāla zhe tuǐ

坐在桥头上。一只脚一上一下地晃荡着，那只鞋拍
zuò zài qiáotóushang. Yì zhī jiǎo yí shàng yí xià de huàngdàng zhe, nà zhī xié pāi

着脚底心，像打拍子似的。
zhe jiǎodǐ xīn, xiàng dǎ pāizi shìde.

장량이 기예를 배우다

서한(西漢) 시대에 장량(張良)이라는 대신이 있었다. 문무에 능하고 용기와 지략이 있는 매우 재능 있는 사람이었다. 하지만 그는 기예를 배울 때 많은 고생을 하였다.

한번은 장량이 혼자 외출하여 산책을 하였다. 그가 막 큰 다리에 도착했을 때 한 노인을 보았다.

노인은 황토색의 무명 두루마기를 입고 있었고 다리를 축 늘어뜨린 채 다리 어귀에 앉아 있었다. 한쪽 다리를 위 아래로 흔들며 신발로 발바닥을 때리는 것이 마치 박자를 맞추는 것 같았다.

学艺 xué yì 기예를 배우다　┃　能文能武 néng wén néng wǔ 문무(文武)에 모두 뛰어나다　┃　吃苦 chī kǔ 고생하다　┃　老头儿 lǎotóur 노인, 늙은이　┃　粗布 cūbù 평직으로 짠 면으로 질이 거친 천, 무명, 광목　┃　大褂 dàguà 남자용의 중국식 홑두루마기　┃　搭拉 dāla 아래로 늘어뜨리다　┃　桥头 qiáotóu 다리 어귀　┃　晃荡 huàngdàng 흔들거리다　┃　拍 pāi (손바닥으로) 치다　┃　脚底 jiǎodǐ 발바닥　┃　心 xīn (사물의) 가운데, 중심, 복판　┃　打拍子 dǎ pāizi 박자를 맞추다

真奇怪！老头儿一见张良，有意无意地把脚往
Zhēn qíguài! Lǎotóur yí jiàn Zhāng Liáng, yǒu yì wú yì de bǎ jiǎo wǎng

后一缩，那只鞋就掉到桥下去了。
hòu yì suō, nà zhī xié jiù diàodào qiáoxià qù le.

张良也没有理会，继续往前走着。可是那个老
Zhāng Liáng yě méiyǒu lǐhuì, jìxù wǎng qián zǒu zhe. Kěshì nà ge lǎo-

头儿转过头来，很不客气地对张良说："小伙子，
tóur zhuǎnguò tóu lái, hěn bú kèqì de duì Zhāng Liáng shuō ："Xiǎohuǒzi,

给我把鞋子捡上来！"
gěi wǒ bǎ xiézi jiǎn shànglái!"

张良一听，十分生气。心想：凭什么让我捡，
Zhāng Liáng yì tīng, shífēn shēngqì. Xīn xiǎng ：Píng shénme ràng wǒ jiǎn,

又不是我弄掉的。
yòu búshì wǒ nòngdiào de.

可他看了看老头儿，又想：他七老八十的，眉
Kě tā kàn le kàn lǎotóur, yòu xiǎng ：Tā qī lǎo bā shí de, méi-

毛胡子全白了，行动也不方便，捡就捡吧。
mao húzi quán bái le, xíngdòng yě bù fāngbiàn, jiǎn jiù jiǎn ba.

于是，张良便走下桥，帮老头儿把鞋捡上来，
Yúshì, Zhāng Liáng biàn zǒuxià qiáo, bāng lǎotóur bǎ xié jiǎn shànglái,

递给他。
dìgěi tā.

谁知老头儿也不伸手接，反而把脚一伸，说：
Shéizhī lǎotóur yě bù shēn shǒu jiē, fǎn'ér bǎ jiǎo yì shēn, shuō ：

"给我穿上！"
"Gěi wǒ chuānshàng!"

참으로 이상했다! 노인은 장량을 보자마자 무심코 발을 뒤로 움츠리다 신발을 다리 아래로 떨어뜨렸다.

장량도 상관하지 않고 계속 앞으로 걸어갔다. 그런데 이 노인은 고개를 돌리더니 무례하게 장량에게 말했다. "젊은이, 신발 좀 주워와!"

장량은 듣고 매우 화가 났다. 속으로 생각했다. '뭣 때문에 나더러 주우라지. 내가 떨어뜨린 것도 아닌데.'

하지만 그는 노인을 보고는 다시 생각했다. '저 노인장은 칠팔십은 되어 보이고 눈썹과 수염이 전부 하야니 행동도 불편하겠군. 주워 달라면 주워 주자.'

그래서 장량은 다리 아래로 가서 노인을 위해 신을 주워와 건네주었다.

그런데 뜻밖에 노인은 손도 뻗지 않고 도리어 발을 뻗으며 말했다. "나한테 신겨!"

有意无意 yǒu yì wú yì 무심코, 자기도 모르게 | 缩 suō 움츠리다 | 掉 diào 떨어뜨리다 | 理会 lǐhuì 아랑곳하다, 거들떠보다 | 不客气 bú kèqì 무례하다, 버릇없다 | 小伙子 xiǎohuǒzi 젊은이, 총각 | 捡 jiǎn 줍다 | 凭什么 píng shénme 무슨 까닭으로 | 弄 nòng 하다, 행하다 | 七老八十 qī lǎo bā shí 7, 80세 | 眉毛 méimao 눈썹 | 胡子 húzi 수염 | 递给 dìgěi 건네다 | 伸 shēn (신체나 물체의 일부분을) 펴다, 펼치다 | 反而 fǎn'ér 오히려

张良心想：这个老头儿，谢我的话一句也不说，
Zhāng Liáng xīn xiǎng : Zhè ge lǎotóur, xiè wǒ de huà yí jù yě bù shuō,

却叫我给他穿鞋子。索性好人做到底吧。
què jiào wǒ gěi tā chuān xiézi. Suǒxìng hǎorén zuòdào dǐ ba.

张良便跪在地上，恭恭敬敬地把鞋给老头儿
Zhāng Liáng biàn guì zài dìshang, gōnggōngjìngjìng de bǎ xié gěi lǎotóur

穿上了。
chuānshàng le.

老头儿这才理了理胡子，慢吞吞地站起来。大
Lǎotóur zhè cái lǐ le lǐ húzi, màntūntūn de zhàn qǐlái. Dà

摇大摆地走了。
yáo dà bǎi de zǒu le.

这一下张良真的愣住了，这个老头儿可真奇
Zhè yíxià Zhāng Liáng zhēnde lèngzhù le, zhè ge lǎotóur kě zhēn qí-

怪！他迷惑不解地望着老头儿的背影，情不自禁地
guài! Tā míhuo bùjiě de wàng zhe lǎotóur de bèiyǐng, qíng bú zì jìn de

跟随在老头儿的后边。
gēnsuí zài lǎotóur de hòubian.

走了约有半里地，老头儿忽然返回来。他见张
Zǒu le yuē yǒu bàn lǐ dì, lǎotóur hūrán fǎn huílái. Tā jiàn Zhāng

良一直跟着，就说："你这小伙子像个有出息的人，
Liáng yìzhí gēn zhe, jiù shuō : "Nǐ zhè xiǎohuǒzi xiàng ge yǒu chūxi de rén,

我倒乐意教教你！"
wǒ dào lèyì jiāojiao nǐ!"

장량은 속으로 생각했다. '이 노인은 고맙다는 말은 한 마디도 안 하고 도리어 나더러 신발을 신기라고 하다니. 기왕 이렇게 된 이상 끝까지 좋은 일을 하자.'

장량은 땅에 무릎을 꿇고 앉아 공손하게 노인에게 신발을 신겨 주었다.

노인은 그제야 수염을 쓰다듬으며 느릿느릿 일어나서 어깨를 들썩거리며 가 버렸다.

이번에는 장량은 정말 어안이 벙벙하였다. '이 노인네 참 특이하군!' 그는 알 수 없다는 듯 노인의 뒷모습을 바라보면서 자기도 모르게 노인의 뒤를 따라갔다.

반 리 쯤 갔을 때 노인이 갑자기 되돌아왔다. 그는 장량이 계속 따라오는 걸 보고는 말했다. "자네 젊은이 싹수가 있는 사람 같구먼. 내 기꺼이 자네를 가르쳐 주지!"

索性 suǒxìng 차라리, 아예 | **到底** dào dǐ 끝까지 ~하다 | **理** lǐ 가지런하게 하다 | **慢吞吞** màntūntūn 느린 모양, 꾸물거리는 모양 | **大摇大摆** dà yáo dà bǎi 어깨를 으쓱거리며 걷다 | **迷惑** míhuo 아리송하게 되다 | **不解** bùjiě 이해하지 못하다 | **背影** bèiyǐng 뒷모습 | **跟随** gēnsuí 뒤따르다, 따라가다 | **返回** fǎnhuí 되돌아오다 | **出息** chūxi 전도(前途) | **乐意** lèyì (~하는 것을) 즐겁게 여기다, ~하려 하다

张良聪明过人，他一下子就知道这个老头儿有
Zhāng Liáng cōngming guòrén, tā yíxiàzi jiù zhīdao zhè ge lǎotóur yǒu

学问。
xuéwèn.

他赶紧跪在地上，拜了几拜，说："徒儿给老
Tā gǎnjǐn guì zài dìshang, bài le jǐ bài, shuō : "Tú'ér gěi lǎo-

师请安了。"
shī qǐng ān le."

老头儿笑咪咪的，说："好！过五天，天一亮，
Lǎotóur xiàomīmī de, shuō : "Hǎo! Guò wǔ tiān, tiān yí liàng,

你到桥上等我。"
nǐ dào qiáoshang děng wǒ."

张良连忙说："是！"
Zhāng Liáng liánmáng shuō : "Shì !"

第五天一大早，张良赶到了桥上。谁知道老头
Dì-wǔ tiān yídàzǎo, Zhāng Liáng gǎndào le qiáoshang. Shéi zhīdao lǎotóu-

儿早就在桥上了。
r zǎojiù zài qiáoshang le.

他见了张良，气冲冲地说："小伙子，你跟老
Tā jiàn le Zhāng Liáng, qìchōngchōng de shuō : "Xiǎohuǒzi, nǐ gēn lǎo-

人家约会，为什么不早点儿来，反叫我等你呢？"
renjia yuēhuì, wèi shénme bù zǎo diǎnr lái, fǎn jiào wǒ děng nǐ ne?"

张良连忙磕头认错。
Zhāng Liáng liánmáng kē tóu rèncuò.

老头儿说："回去吧，再过五天，早点儿来。"
Lǎotóur shuō : "Huíqù ba, zài guò wǔ tiān, zǎo diǎnr lái."

장량은 매우 똑똑했기 때문에 이 노인이 학문이 높다는 것을 단번에 알아차렸다.

그는 급히 땅에 무릎을 꿇으며 몇 차례 절을 하고 말했다. "제자가 사부님께 인사 올립니다."

노인은 미소를 지으며 말했다. "좋아! 닷새 후에 날이 밝거든 다리로 와서 나를 기다리거라."

장량은 급히 말했다. "예!"

닷새째 되는 날 아침 일찍, 장량은 서둘러 다리에 도착했다. 뜻밖에 노인은 벌써 다리에 있었다.

그는 장량을 보고 노여워하며 말했다. "젊은이, 노인과 약속을 하고 어찌하여 일찍 나오지 않고 도리어 나를 기다리게 하는가?"

장량은 급히 머리를 조아리며 사죄하였다.

노인이 말했다. "돌아가거라. 다시 닷새가 지난 다음 일찍 오거라."

徒儿 tú'ér 도제(徒弟), 학생 ┃ 请安 qǐng ān 문안을 드리다. 인사하다 ┃ 笑眯眯 xiàomīmī 눈을 가늘게 뜨고 미소짓는 모양. 빙그레 웃는 모양 ┃ 连忙 liánmáng 급히, 재빨리 ┃ 一大早 yídàzǎo 이른 아침 ┃ 赶到 gǎndào 서둘러 도착하다 ┃ 气冲冲 qìchōngchōng 노발대발하다 ┃ 老人家 lǎorenjia 어른, 어르신네 ┃ 约会 yuēhuì 만날 약속을 하다 ┃ 反 fǎn 도리어, 오히려 ┃ 认错 rèncuò 잘못을 인정하다

张良垂头丧气地回到了家里。
Zhāng Liáng chuí tóu sàng qì de huídào le jiāli.

又过了五天，张良一听见鸡叫，就跑到桥上。
Yòu guò le wǔ tiān, Zhāng Liáng yì tīngjiàn jī jiào, jiù pǎodào qiáoshang.

可跟上回一样，老头儿已在桥上等他了。
Kě gēn shàng huí yíyàng, lǎotóur yǐ zài qiáoshang děng tā le.

老头儿生气地瞪了张良一眼说："过五天再来
Lǎotóur shēngqì de dèng le Zhāng Liáng yì yǎn shuō : "Guò wǔ tiān zài lái

吧！"
ba !"

张良闷闷不乐地拖着沉重的脚步回家了。心
Zhāng Liáng mèn mèn bú lè de tuō zhe chénzhòng de jiǎobù huí jiā le. Xīn

想：都怪自己不诚心，下次一定要赶在老师前面。
xiǎng : Dōu guài zìjǐ bù chéngxīn, xiàcì yídìng yào gǎn zài lǎoshī qiánmian.

到了第四天晚上，张良翻来覆去怎么也睡不
Dào le dì-sì tiān wǎnshang, Zhāng Liáng fān lái fù qù zěnme yě shuì bu

着。半夜，他便跑到桥上，静静地等待着老头儿。
zháo. Bànyè, tā biàn pǎodào qiáoshang, jìngjìng de děngdài zhe lǎotóur.

没等多久，只见那个老头儿一步一步地走来了。
Méi děng duōjiǔ, zhǐjiàn nà ge lǎotóur yí bù yí bù de zǒulái le.

张良赶紧迎上去。
Zhāng Liáng gǎnjǐn yíng shàngqù.

장량은 고개를 떨구고 낙심하여 집으로 돌아왔다.

다시 닷새가 지나서 장량은 닭 울음소리를 듣자마자 다리로 달려갔다.

하지만 지난번과 마찬가지로 노인은 이미 다리에서 그를 기다리고 있었다.

노인은 화가 나서 장량을 노려보며 말했다. "닷새 지나서 다시 와!"

장량은 마음이 답답하고 울적하여 무거운 발걸음을 이끌고 집으로 돌아왔다. 마음속으로 생각했다. '다 내가 성실하지 못해서야. 다음에는 반드시 사부님보다 먼저 가야지.'

나흘째 저녁이 되자 장량은 이리저리 뒤척이며 아무리 해도 잠을 이룰 수 없었다. 한밤중에 그는 다리로 달려가서 조용히 노인을 기다렸다.

얼마 지나지 않아 그 노인이 한 걸음 한 걸음 걸어오는 것이 보였다. 장량이 급히 맞으러 갔다.

鸡叫 jī jiào 닭이 울다 ｜ 瞪眼 dèng yǎn 노려보다 ｜ 闷闷不乐 mèn mèn bú lè 마음이 답답하고 울적하다 ｜ 拖 tuō 끌다 ｜ 沉重 chénzhòng 무겁다 ｜ 诚心 chéngxīn 성실하다 ｜ 翻来覆去 fān lái fù qù (자면서 몸을) 이리저리 뒤척이다. 엎치락뒤치락하다 ｜ 静 jìng 움직이지 않다 ｜ 等待 děngdài 기다리다 ｜ 多久 duōjiǔ 오랫동안, 오래

老头儿露出一脸慈祥的笑容，对张良说："这
Lǎotóur lùchū yì liǎn cíxiáng de xiàoróng, duì Zhāng Liáng shuō : "Zhè

就对了！"
jiù duì le!"

老头儿从袖子里掏出一本书交给张良，说：
Lǎotóur cóng xiùzili tāochū yì běn shū jiāogěi Zhāng Liáng, shuō :

"你把这本书好好读熟，将来一定会成为一个有学
"Nǐ bǎ zhè běn shū hǎohǎo dú shú, jiānglái yídìng huì chéngwéi yí ge yǒu xué-

问的人。"
wèn de rén."

张良小心地接过书，点了点头。他刚想问老头
Zhāng Liáng xiǎoxīn de jiēguò shū, diǎn le diǎn tóu. Tā gāng xiǎng wèn lǎotóu-

儿的名字，可那个老头儿就像不认识他似的，头也
r de míngzi, kě nà ge lǎotóur jiù xiàng bú rènshi tā shìde, tóu yě

不回地走了。
bù huí de zǒu le.

等到天亮，张良拿出书来一看，原来是一部
Děngdào tiān liàng, Zhāng Liáng náchū shū lái yí kàn, yuánlái shì yí bù

《太公兵法》。
《Tàigōng bīngfǎ》.

从那以后，张良刻苦研读这本兵书，后来，终
Cóng nà yǐhòu, Zhāng Liáng kèkǔ yándú zhè běn bīngshū, hòulái, zhōng-

于成了一名有名的军事家。
yú chéng le yì míng yǒumíng de jūnshìjiā.

노인은 얼굴에 인자한 웃음을 띠고 장량에게 말했다. "옳거니!"

노인은 소매에서 책 한 권을 꺼내어 장량에게 주면서 말했다. "이 책을 열심히 익히면 앞으로 틀림없이 학문이 높은 사람이 될 것이네."

장량은 조심스럽게 책을 받으며 고개를 끄덕였다. 그가 막 노인의 이름을 물으려는데 그 노인은 마치 그를 모르는 것처럼 고개도 돌리지 않고 가 버렸다.

날이 밝고 장량이 책을 꺼내어 보니 바로 『태공병법(太公兵法)』이란 책이었다.

이때부터 장량은 이 병서를 열심히 연구하여 훗날 결국 유명한 군사전문가가 되었다.

慈祥 cíxiáng 인자하다 ｜ 袖子 xiùzi 소매 ｜ 掏 tāo 끄집어내다 ｜ 读熟 dúshú 공부하여 알다 ｜ 似的 shìde 비슷하다. (마치) ～과 같다 ｜ 刻苦 kèkǔ 몹시 애를 쓰다 ｜ 研读 yándú (책을 통해) 깊이 연구하다

15

鸿门宴

陈胜、吴广起义暴发后，全国各地纷纷起兵反
Chén Shèng、Wú Guǎng qǐyì bàofā hòu, quánguó gèdì fēnfēn qǐbīng fǎn-

抗秦王朝，其中最有实力的两支队伍是项羽和刘
kàng Qín wángcháo, qízhōng zuì yǒu shílì de liǎng zhī duìwǔ shì Xiàng Yǔ hé Liú

邦。刘邦先率领军队攻下了秦朝的首都咸阳。项
Bāng. Liú Bāng xiān shuàilǐng jūnduì gōngxià le Qíncháo de shǒudū Xiányáng. Xiàng

羽带领四十万兵马，驻扎在离咸阳不远的鸿门。他
Yǔ dàilǐng sìshíwàn bīngmǎ, zhùzhā zài lí Xiányáng bù yuǎn de Hóngmén. Tā

下决心要把刘邦的兵力全部消灭。
xià juéxīn yào bǎ Liú Bāng de bīnglì quánbù xiāomiè.

当时，刘邦只有十万兵马，处境十分危险。他
Dāngshí, Liú Bāng zhǐ yǒu shíwàn bīngmǎ, chǔjìng shífēn wēixiǎn. Tā

决定亲自去鸿门，与项羽缓和关系。
juédìng qīnzì qù Hóngmén, yǔ Xiàng Yǔ huǎnhé guānxi.

这天一清早，刘邦带着自己的谋士张良来到鸿
Zhètiān yìqīngzǎo, Liú Bāng dài zhe zìjǐ de móushì Zhāng Liáng láidào Hóng-

门。
mén.

홍문(鴻門)의 연회

진승(陳勝), 오광(吳廣)이 봉기를 일으킨 뒤 전국 각지에서는 잇달아 군사를 일으켜 진(秦)왕조에 반항하였다. 그 가운데 가장 실력이 있는 두 군대가 항우(項羽)와 유방(劉邦)이었다. 유방은 먼저 군대를 이끌고 진왕조의 수도 함양(咸陽)을 공격해 함락시켰다. 항우는 40만 병마를 이끌고 함양에서 멀지 않은 홍문(鴻門)에 주둔하였다. 그는 유방의 병력을 전부 없애버릴 결심을 했다.

당시 유방은 10만 병마밖에 없어서 처지가 매우 위험했다. 그는 직접 홍문에 가서 항우와 관계를 완화시켜 보려고 하였다.

이날 아침 일찍, 유방은 자신의 책사 장량(張良)을 데리고 홍문에 왔다.

暴发 bàofā 돌발하다, 갑자기 일어나다　｜　起兵 qǐbīng 군대를 일으키다, 출병(出兵)하다　｜　反抗 fǎnkàng 반항(하다)　｜　队伍 duìwǔ 군대　｜　攻下 gōngxià 공격하여 함락시키다　｜　消灭 xiāomiè 없애다, 멸하다　｜　处境 chǔjìng 처지　｜　缓和 huǎnhé 완화하다　｜　一清早 yìqīngzǎo 꼭두새벽　｜　谋士 móushì 책사(策士), 모사

刘邦见了项羽恭恭敬敬地说：“我同将军同心
Liú Bāng jiàn le Xiàng Yǔ gōnggōngjìngjìng de shuō：“Wǒ tóng jiāngjūn tóng xīn

协力攻打秦国，没想到自己先进了咸阳。今天能在
xié lì gōngdǎ Qínguó, méi xiǎngdào zìjǐ xiān jìn le Xiányáng. Jīntiān néng zài

这儿见到将军，真令我高兴！可不知谁在您面前挑
zhèr jiàndào jiāngjūn, zhēn lìng wǒ gāoxìng! Kě bù zhī shéi zài nín miànqián tiǎo-

拨我们的关系，叫您生气，太不幸了。”
bō wǒmen de guānxi, jiào nín shēngqì, tài bú xìng le.”

项羽见刘邦说话低声下气，觉得他挺可怜的，
Xiàng Yǔ jiàn Liú Bāng shuōhuà dī shēng xià qì, juéde tā tǐng kělián de,

便留他在营中喝酒。项羽的手下范增、项伯作陪。
biàn liú tā zài yíng zhōng hē jiǔ. Xiàng Yǔ de shǒuxià Fàn Zēng、Xiàng Bó zuòpéi.

项羽和项伯殷勤地劝酒，刘邦却提心吊胆，不
Xiàng Yǔ hé Xiàng Bó yīnqín de quàn jiǔ, Liú Bāng què tí xīn diào dǎn, bù-

敢多喝。
gǎn duō hē.

范增心想：我早劝项王杀了刘邦，免得以后
Fàn Zēng xīn xiǎng：Wǒ zǎo quàn Xiàngwáng shā le Liú Bāng, miǎnde yǐhòu

他跟项王争夺天下，可现在项王对刘邦这么宽容，
tā gēn Xiàngwáng zhēngduó tiānxià, kě xiànzài Xiàngwáng duì Liú Bāng zhème kuānróng,

怎么办呢？
zěnme bàn ne?

유방은 항우를 만나서 공손하게 말했다. "저와 장군이 마음을 합쳐 진나라를 공격했는데 뜻밖에 제가 먼저 함양에 들어갔습니다. 오늘 여기서 장군을 뵈어서 정말로 기쁩니다! 하지만 누군지 모르지만 장군 면전에서 우리들의 관계를 이간질시켜 장군을 노엽게 했다니, 정말 불행한 일입니다!"

항우는 유방이 굽신거리며 말하는 것을 보니 그가 매우 불쌍하다고 여기고는 군영에 머물러 술을 마시게 했다. 항우의 부하 범증(范增), 항백(項伯)이 배석했다.

항우와 항백이 친근하게 술을 권하였으나 유방은 마음이 조마조마하여 감히 많이 마실 수 없었다.

범증이 속으로 생각했다. '내가 일찍이 항왕에게 유방을 죽여서 후에 유방과 천하를 다투는 일이 없도록 하라고 충고했는데, 지금 항왕이 유방을 이렇듯 너그럽게 대하니 어떻게 해야 하나?'

同心协力 tóng xīn xié lì 마음을 합쳐 협력하다, 일치단결하다 ｜ 挑拨 tiǎobō 이간질하다 ｜ 低声下气 dī shēng xià qì 스스로 낮춰 말하다, 굽신거리다 ｜ 可怜 kělián 불쌍하다 ｜ 留 liú 머무르게 하다 ｜ 作陪 zuòpéi 배객(陪客)이 되다 ｜ 殷勤 yīnqín 정성스럽다, 따스하고 빈틈없다 ｜ 提心吊胆 tí xīn diào dǎn 안절부절 못하다 ｜ 免得 miǎnde ～하지 않도록 ｜ 宽容 kuānróng 너그럽게 받아들이다

他忽然看见自己身边的玉佩，就举起来，用眼
Tā hūrán kànjiàn zìjǐ shēnbiān de yùpèi, jiù jǔ qǐlái, yòng yǎn-

睛向项羽示意，叫他下决心杀了刘邦。
jing xiàng Xiàng Yǔ shìyì, jiào tā xià juéxīn shā le Liú Bāng.

可项羽当作没看见，继续喝酒。
Kě Xiàng Yǔ dàngzuò méi kànjiàn, jìxù hē jiǔ.

过了一会儿，范增又拿玉佩示意，项羽有意无
Guò le yíhuìr, Fàn Zēng yòu ná yùpèi shìyì, Xiàng Yǔ yǒu yì wú

意地点了点头，心里却想：人家来这儿赔罪，我怎
yì de diǎn le diǎn tóu, xīnli què xiǎng : Rénjia lái zhèr péizuì, wǒ zěn-

么能谋害他呢？
me néng móuhài tā ne?

于是，项羽还是没有行动。
Yúshì, Xiàng Yǔ háishi méiyǒu xíngdòng.

范增生气极了，他看项王不忍心下手，就找了
Fàn Zēng shēngqì jíle, tā kàn Xiàngwáng bù rěnxīn xiàshǒu, jiù zhǎo le

个理由出去了。
ge lǐyóu chūqù le.

他对项羽的堂兄弟项庄说："咱们大王心肠
Tā duì Xiàng Yǔ de tángxiōngdì Xiàng Zhuāng shuō : "Zánmen dàwáng xīncháng

太软，你进去给他们敬酒，然后找个机会，把刘邦
tài ruǎn, nǐ jìnqù gěi tāmen jìng jiǔ, ránhòu zhǎo ge jīhuì, bǎ Liú Bāng

杀了！"
shā le!"

项庄立即明白了范增的意思，他点了点头，就
Xiàng Zhuāng lìjí míngbai le Fàn Zēng de yìsi, tā diǎn le diǎn tóu, jiù

进了营房。
jìn le yíngfáng.

그는 갑자기 자기 몸 옆의 옥패를 보고는 들어올렸다. 항우에게 눈짓으로 의사를 표시하며 그에게 결의를 굳히고 유방을 죽이라고 했다.

하지만 항우는 못본 척하며 계속 술을 마셨다.

얼마 후 범증은 또 옥패를 들어 뜻을 표했으나 항우는 무심코 고개를 끄덕였을 뿐 속으로 생각했다. '사람이 여기 와서 용서를 구하는데 내 어찌 그를 죽이겠는가?'

그래서 항우는 여전히 행동을 취하지 않았다.

범증은 매우 화가 났다. 그는 항왕이 차마 행동에 옮기지 못하는 것을 보고 핑계를 대고 밖으로 나갔다.

그는 항우의 사촌형제 항장(項莊)에게 말했다. "우리 대왕이 마음이 너무 여리시니 당신이 들어가 그들에게 술을 따라주다가 기회를 봐서 유방을 죽이시오!"

항장은 곧 범증의 뜻을 이해하고 고개를 끄덕이고는 병영 안으로 들어갔다.

玉佩 yùpèi 옥패 ｜ 示意 shìyì (표정 따위로) 의도를 표시하다 ｜ 下决心 xià juéxīn 결의를 굳히다 ｜ 当作 dàngzuò ～로 여기다, ～로 간주하다 ｜ 人家 rénjia 그 사람, 그 ｜ 赔罪 péizuì 사죄하다 ｜ 谋害 móuhài 모해하다 ｜ 忍心 rěnxīn 박정하다, 무자비하다 ｜ 下手 xiàshǒu 착수하다, 시작하다 ｜ 堂兄弟 tángxiōngdì 사촌 형제 ｜ 心肠 xīncháng 마음 ｜ 软 ruǎn (마음이) 여리다, 무르다 ｜ 敬酒 jìng jiǔ 술을 권하다 ｜ 营房 yíngfáng 병영, 병사(兵舍)

项庄为刘邦、项羽敬了酒，然后说："军营里
Xiàng Zhuāng wèi Liú Bāng、Xiàng Yǔ jìng le jiǔ, ránhòu shuō : "Jūnyíngli

没有什么娱乐，请让我舞剑为大王助兴!"
méiyǒu shénme yúlè, qǐng ràng wǒ wǔ jiàn wèi dàwáng zhùxìng!"

说着，项庄便拔剑起舞。
Shuō zhe, Xiàng Zhuāng biàn bá jiàn qǐ wǔ.

舞着舞着，项庄便来到刘邦面前。刘邦心
Wǔ zhe wǔ zhe, Xiàng Zhuāng biàn láidào Liú Bāng miànqián. Liú Bāng xīn

中一惊，吓得脸白得像纸一样。
zhōng yì jīng, xià de liǎn bái de xiàng zhǐ yíyàng.

项伯看出项庄舞剑的用意是想杀刘邦，便
Xiàng Bó kànchū Xiàng Zhuāng wǔ jiàn de yòngyì shì xiǎng shā Liú Bāng, biàn

站起身说："项王，一人舞剑不如两个人舞。"
zhànqǐ shēn shuō : "Xiàngwáng, yì rén wǔ jiàn bùrú liǎng ge rén wǔ."

항장은 유방, 항우에게 술을 따른 다음 말했다. "군영에 아무 오락이 없으니 제가 검무를 추어 대왕의 흥을 돋우겠습니다!"

말하면서 항장이 검을 뽑아 춤을 추기 시작했다.

춤을 추면서 항장은 어느덧 항우 앞에 이르렀다. 유방은 속으로 겁을 먹고 놀라서 얼굴이 백짓장처럼 하얘졌다.

항백은 항장이 검무를 추는 의도가 유방을 죽이려는 것이라는 걸 간파하고 곧 몸을 일으키며 말했다. "항왕, 한 사람이 검무를 추는 것보다 두 사람이 추는 것이 낫겠지요."

舞剑 wǔ jiàn 칼춤을 추다 ┃ 助兴 zhùxìng 흥을 돋우다 ┃ 拔 bá 뽑다, 빼다 ┃ 用意 yòngyì 의향, 의도, 속셈 ┃ 不如 bùrú ~하는 편이 낫다

项羽看了看项伯，高兴地说："既然叔父有兴
Xiàng Yǔ kàn le kàn Xiàng Bó, gāoxìng de shuō : "Jìrán shūfù yǒu xìng-

致，就请吧！"
zhì, jiù qǐng ba!"

原来，项伯和张良是好朋友，他怕项庄杀了
Yuánlái, Xiàng Bó hé Zhāng Liáng shì hǎo péngyou, tā pà Xiàng Zhuāng shā le

刘邦，张良受连累。
Liú Bāng, Zhāng Liáng shòu liánlěi.

于是项伯也拔剑起舞。他一面舞，一面用身子
Yúshì Xiàng Bó yě bá jiàn qǐ wǔ. Tā yímiàn wǔ, yímiàn yòng shēnzi

挡住刘邦。项庄十分着急，两个人越争越激烈。
dǎngzhù Liú Bāng. Xiàng Zhuāng shífēn zháojí, liǎng ge rén yuè zhēng yuè jīliè.

刘邦看着，吓得浑身直冒冷汗。
Liú Bāng kàn zhe, xià de húnshēn zhí mào lěnghàn.

项羽却依然自在地喝着酒，欣赏项庄与项伯的
Xiàng Yǔ què yīrán zìzai de hē zhe jiǔ, xīnshǎng Xiàng Zhuāng yǔ Xiàng Bó de

剑法。
jiànfǎ.

过了一会儿，刘邦假装说要上厕所，张良便跟
Guò le yíhuìr, Liú Bāng jiǎzhuāng shuō yào shàng cèsuǒ, Zhāng Liáng biàn gēn

了出来。
le chūlái.

항우는 항백을 보면서 기쁘게 말했다. "숙부께서 흥이 돋는다면 하시지요!"

원래 항백과 장량은 친한 친구사이로 그는 항장이 유방을 죽여서 장량이 말려드는 것을 염려하였다.

그래서 항백도 검을 뽑아서 춤을 추기 시작했다. 그는 춤을 추면서 몸으로 유방을 막았다. 항장은 매우 초조해졌고 두 사람은 춤을 출수록 더욱 격렬해졌다.

유방이 이를 보면서 두려움에 온몸에서 식은땀이 솟아나왔다.

항우는 하지만 아무일 없는 듯 편안하게 술을 마시면서 항장과 항백의 검법을 감상하였다.

얼마 후 유방은 짐짓 변소에 간다고 하였고, 장량이 따라서 나왔다.

既然 jìrán 이미 이렇게 된 바에야 ▎ 兴致 xìngzhì 흥미, 재미, 흥취 ▎ 连累 liánlěi 연루하다, 말려들다 ▎ 挡住 dǎngzhù 막다 ▎ 浑身 húnshēn 온몸, 전신 ▎ 冒 mào 뿜어나오다, 나다 ▎ 冷汗 lěnghàn 식은땀 ▎ 依然 yīrán 전과 다름이 없다 ▎ 自在 zìzai 편안하다, 안락하다 ▎ 欣赏 xīnshǎng 감상하다, 좋아하다

刘邦赶忙对张良说：“我带来白玉一对，玉斗
Liú Bāng gǎnmáng duì Zhāng Liáng shuō : "Wǒ dàilái báiyù yí duì, yùdǒu

一双，你分别献给项羽同范增，并代我向项王
yì shuāng, nǐ fēnbié xiàngěi Xiàng Yǔ tóng Fàn Zēng, bìng dài wǒ xiàng Xiàngwáng

告别。我先回去了！”
gàobié. Wǒ xiān huíqù le!"

刘邦便从小路上走了。
Liú Bāng biàn cóng xiǎolùshang zǒu le.

过了好一会儿，张良估计刘邦已回到自己的营
Guò le hǎo yíhuìr, Zhāng Liáng gūjì Liú Bāng yǐ huídào zìjǐ de yíng-

地了，便进去对项羽说刘邦酒量小，刚才喝醉了，
dì le, biàn jìnqù duì Xiàng Yǔ shuō Liú Bāng jiǔliàng xiǎo, gāngcái hēzuì le,

便先告退了。他叫自己把这些礼物献给项王和范增。
biàn xiān gàotuì le. Tā jiào zìjǐ bǎ zhèxiē lǐwù xiàngěi Xiàngwáng hé Fàn Zēng.

项羽收下礼物，没说什么。范增却非常生气，
Xiàng Yǔ shōuxià lǐwù, méi shuō shénme. Fàn Zēng què fēicháng shēngqì,

用剑把玉斗砸碎，说：“唉，这小子真没用，没法
yòng jiàn bǎ yùdǒu zásuì, shuō : "Āi, zhè xiǎozi zhēn méi yòng, méi fǎ

给他出主意。将来夺取天下的一定是刘邦！”
gěi tā chū zhǔyì. Jiānglái duóqǔ tiānxià de yídìng shì Liú Bāng!"

就这样，一场气氛紧张的鸿门宴会结束了。从
Jiù zhèyàng, yì chǎng qìfēn jǐnzhāng de Hóngmén yànhuì jiéshù le. Cóng

那以后，项羽和刘邦就成了一对冤家。
nà yǐhòu, Xiàng Yǔ hé Liú Bāng jiù chéng le yí duì yuānjia.

유방은 급히 장량에게 말했다. "내가 백옥 한 쌍과 옥두 한 쌍을 가지고 왔는데 그대가 각각 항우와 범증에게 바치면서 나를 대신해서 항왕에게 작별인사를 고하시오. 나는 먼저 돌아가오!"

유방은 곧 샛길로 떠났다.

한참이 지나서 장량은 유방이 자신의 영지로 돌아갔을 거라고 짐작하고, 들어가서 항우에게 유방은 주량이 작아서 방금 술에 취해 먼저 물러갔다고 말했다. 그가 자신에게 이 선물을 항왕과 범증에게 바치라고 했다고 전했다.

항우는 선물을 받고 아무말도 하지 않았다. 범증은 그러나 매우 화를 내면서 검으로 옥두를 부숴버리고 말했다. "아, 이 녀석은 정말 소용이 없구나. 무슨 계략도 내줄 수가 없으니. 앞으로 천하를 차지하는 건 분명 유방일 것이야!"

이렇게 긴장된 분위기의 홍문 연회는 끝이 났다. 이때부터 항우와 유방은 원수가 되었다.

分别 fēnbié 따로따로　|　**献给** xiàngěi 바치다, 드리다, 올리다　|　**代** dài 대신하다　|　**告别** gàobié 헤어지다, 작별 인사를 하다　|　**估计** gūjì 추정하다　|　**告退** gàotuì (모임에서) 먼저 가겠다고 하다　|　**砸碎** zásuì 산산조각을 내다　|　**小子** xiǎozi (이) 놈, (이) 녀석　|　**气氛** qìfēn 분위기　|　**冤家** yuānjia 원수

萧何月下追韩信

秦末农民起义推翻秦朝统治后，项羽的军事实
Qín mò nóngmín qǐyì tuīfān Qíncháo tǒngzhì hòu, Xiàng Yǔ de jūnshì shí-

力最强大，他自称西楚霸王，把刘邦封在偏远的地
lì zuì qiángdà, tā zìchēng Xīchǔ Bàwáng, bǎ Liú Bāng fēng zài piānyuǎn de dì-

方做汉王。
fang zuò Hànwáng.

刘邦对他的封地很不满意，但他兵力弱小，不
Liú Bāng duì tā de fēngdì hěn bù mǎnyì, dàn tā bīnglì ruòxiǎo, bù-

敢同项羽较量，只好带领人马到了自己的封地。到
gǎn tóng Xiàng Yǔ jiàoliàng, zhǐhǎo dàilǐng rénmǎ dào le zìjǐ de fēngdì. Dào

那以后，刘邦拜萧何为丞相，整顿兵马，蓄积力量，
nà yǐhòu, Liú Bāng bài Xiāo Hé wéi chéngxiàng, zhěngdùn bīngmǎ, xùjī lìliang,

准备再和项羽争夺天下。
zhǔnbèi zài hé Xiàng Yǔ zhēngduó tiānxià.

소하가 달빛 아래 한신을 쫓다

　진(秦)나라 말에 농민 봉기로 진왕조 통치가 뒤집힌 뒤, 항우(項羽)의 군사 세력이 가장 막강하였다. 그는 스스로를 서초패왕(西楚覇王)이라고 칭하며 유방(劉邦)을 궁벽한 곳에 한왕(漢王)으로 봉하였다.

　유방은 그의 봉지에 매우 불만이었지만 병력이 약하여 항우와 대적할 수 없었기 때문에 어쩔 수 없이 사람과 말을 이끌고 자신의 봉지로 갔다. 그곳에 도착한 뒤 유방은 소하(蕭何)를 승상으로 임명하고, 병마를 정비하고 역량을 축적하며 다시 항우와 천하를 다툴 준비를 하였다.

推翻 tuīfān 전복시키다, 뒤집다 ｜ 封 fēng 봉하다, 왕이 작위(爵位)나 작품(爵品)을 내리어 주다 ｜
偏远 piānyuǎn 궁벽지다, 외지다 ｜ 较量 jiàoliàng 겨루다 ｜ 拜 bài 관직을 수여하다, 관직에 임명되다 ｜ 整顿 zhěngdùn 정비하다 ｜ 蓄积 xùjī 축적하다

一次，萧何到下面观察。他发现有一个叫韩信
Yí cì, Xiāo Hé dào xiàmiàn guānchá. Tā fāxiàn yǒu yí ge jiào Hán Xìn

的小伙子很有才学，就找他来谈了谈。
de xiǎohuǒzi hěn yǒu cáixué, jiù zhǎo tā lái tán le tán.

韩信从当时的形势谈到刘邦、项羽各自的优势
Hán Xìn cóng dāngshí de xíngshì tándào Liú Bāng、Xiàng Yǔ gèzì de yōushì

和弊端，滔滔不绝，分析得恰当极了！
hé bìduān, tāotāo bù jué, fēnxi de qiàdàng jíle!

萧何觉得韩信是个不可多得的人才，就在刘邦
Xiāo Hé juéde Hán Xìn shì ge bù kě duō dé de réncái, jiù zài Liú Bāng

面前尽力推荐他。
miànqián jìnlì tuījiàn tā.

萧何说："汉王，只要我们有天下第一的大将，
Xiāo Hé shuō : "Hànwáng, zhǐyào wǒmen yǒu tiānxià dì-yī de dàjiàng,

再训练兵马，就有机会打回去。"
zài xùnliàn bīngmǎ, jiù yǒu jīhuì dǎ huíqù."

汉王摇了摇头说："哪儿有这样的大将呢？"
Hànwáng yáo le yáo tóu shuō : "Nǎr yǒu zhèyàng de dàjiàng ne?"

萧何趁势说："韩信能文能武，可拜为大将！"
Xiāo Hé chènshì shuō : "Hán Xìn néng wén néng wǔ, kě bài wéi dàjiàng!"

汉王一听皱着眉头，头也不回地走了。
Hànwáng yì tīng zhòu zhe méitóu, tóu yě bù huí de zǒu le.

한번은 소하가 하부조직을 살펴보았다. 그는 한신(韓信)이라고 하는 젊은이가 큰 재능과 학식을 가지고 있다는 걸 발견하고 그를 불러와 이야기를 하였다.

한신은 당시의 형세로부터 유방, 항우 각자의 우세함과 폐단에 이르기까지 거침없고 명확하게 분석을 하였다.

소하는 한신이 매우 드문 인재라는 것을 깨닫고 곧 유방 앞에서 그를 적극 추천하였다.

소하가 말했다. "한왕, 우리가 천하의 대장을 얻은 다음 병마를 훈련시키기만 한다면 되공격할 기회가 생길 것입니다."

한왕은 고개를 저으면서 말했다. "어디 그런 대장이 있겠소?"

소하가 이 틈을 타서 말했다. "한신은 문무를 겸비하였으니 대장으로 세울 만합니다!" 한왕은 듣고는 눈살을 찌푸리며 고개도 돌리지 않고 나가 버렸다.

才学 cáixué 재학, 재능과 학문 ┃ 弊端 bìduān 폐단 ┃ 滔滔不绝 tāo tāo bù jué 끊임없이 말하다
┃ 恰当 qiàdàng 알맞다, 합당하다 ┃ 不可多得 bù kě duō dé 매우 드물다 ┃ 尽力 jìnlì 힘을 다하다
┃ 训练 xùnliàn 훈련(하다) ┃ 趁势 chènshì 유리한 형세를 이용하다 ┃ 皱眉头 zhòu méitóu 눈살을 찌푸리다, 미간을 찌푸리다

第二天，萧何又去见汉王，说："大将有了，请
Dì-èr tiān, Xiāo Hé yòu qù jiàn Hànwáng, shuō : "Dàjiàng yǒu le, qǐng

大王决定吧。"汉王眉开眼笑，急切地问："谁呀？"
dàwáng juédìng ba." Hànwáng méi kāi yǎn xiào, jíqiè de wèn : "Shéi ya?"

萧何坚决地说："韩信！"
Xiāo Hé jiānjué de shuō : "Hán Xìn!"

汉王立刻收敛了笑容，说："他一个无名小卒，
Hànwáng lìkè shōuliǎn le xiàoróng, shuō : "Tā yí ge wú míng xiǎo zú,

怎么能当大将？请你以后别再提他了！"
zěnme néng dāng dàjiàng? Qǐng nǐ yǐhòu bié zài tí tā le!"

就这样，一连几天，萧何都碰了钉子。
Jiù zhèyàng, yìlián jǐ tiān, Xiāo Hé dōu pèng le dìngzi.

韩信知道后，内心很苦闷，便准备离开汉营。
Hán Xìn zhīdao hòu, nèixīn hěn kǔmèn, biàn zhǔnbèi líkāi Hànyíng.

这天清晨，韩信带了些干粮，背上宝剑，骑着马上
Zhètiān qīngchén, Hán Xìn dài le xiē gānliáng, bēishàng bǎojiàn, qí zhe mǎ shàng-

路了。
lù le.

萧何听手下人报告说韩信出了东门，不知道
Xiāo Hé tīng shǒuxiàrén bàogào shuō Hán Xìn chū le dōngmén, bù zhīdao

上哪儿去了，他着急地跺着脚说："哎呀，他走了，
shàng nǎr qù le, tā zháojí de duò zhe jiǎo shuō : "Āiyā, tā zǒu le,

那还了得？"就骑上快马，向东门追去。到了东门，
nà hái liǎode?" Jiù qíshàng kuài mǎ, xiàng dōngmén zhuīqù. Dào le dōngmén,

守门的卫士说："韩信早就出东门了。"
shǒumén de wèishì shuō : "Hán Xìn zǎojiù chū dōngmén le."

이튿날 소하는 또 한왕을 찾아가서 말했다. "대장감이 있으니 대왕께서 결정하십시오." 한왕은 얼굴이 환해지더니 급히 물었다. "누구인가?"

소하는 결연하게 말했다. "한신입니다!"

한왕은 곧 웃음을 거두며 말했다. "그는 한낱 이름 없는 졸개인데 어찌 대장을 맡을 수 있겠는가? 다시는 그를 들먹이지 마시오!"

이렇게 소하는 며칠을 내리 퇴짜를 맞았다.

한신이 알고 나서 내심 고민을 하다 한나라 군영을 떠나기로 했다. 이날 새벽 한신은 얼마간의 양식을 가지고, 보검을 메고, 말을 타고 길에 올랐다.

소하는 한신이 동문을 나서서 어디로 갔는지 모른다는 부하의 보고를 듣고 안타까워서 발을 동동 구르며 말했다. "아이구, 그가 떠났구나, 이걸 어쩌나?" 곧 빠른 말에 올라 동문으로 쫓아갔다. 동문에 이르자 문을 지키는 병사가 말했다. "한신은 아까 벌써 동문을 나갔습니다."

眉开眼笑 méi kāi yǎn xiào 몹시 좋아하다 ┃ 急切 jíqiè 몹시 절박하다 ┃ 收敛 shōuliǎn 거두다 ┃ 无名小卒 wú míng xiǎo zú 보잘것없는 사람 ┃ 碰钉子 pèng dìngzi 거절당하다, 퇴짜 맞다 ┃ 内心 nèixīn (외형·표면에 대하여) 마음, 내심 ┃ 苦闷 kǔmèn 고민하다 ┃ 干粮 gānliáng 건량 ┃ 上路 shànglù 여정(旅程)에 오르다, 출발하다 ┃ 跺脚 duò jiǎo (흥분 또는 분해서) 발을 (동동) 구르다 ┃ 了得 liǎode 놀라움·반어·책망 등의 어기(語氣)를 나타내는 글귀 끝에 쓰여 상태가 심각하여 수습할 수 없음을 표시[대부분 '还'의 뒤에 붙여 사용] ┃ 卫士 wèishì 근위병, 호위병

萧何立即快马加鞭，又追下去，直到中午，他
Xiāo Hé lìjí kuài mǎ jiā biān, yòu zhuī xiàqù, zhí dào zhōngwǔ, tā

还没有见到韩信的影子，心里十分着急。
hái méiyǒu jiàndào Hán Xìn de yǐngzi, xīnli shífēn zháojí.

此时的汉王，得知丞相不见了，心急如焚，就
Cǐshí de Hànwáng, dézhī chéngxiàng bú jiàn le, xīn jí rú fén, jiù

像双手突然被人斩断一样难过。
xiàng shuāngshǒu tūrán bèi rén zhǎnduàn yíyàng nánguò.

而萧何一路问，一路追，直到天黑，还没追上
Ér Xiāo Hé yílù wèn, yílù zhuī, zhí dào tiān hēi, hái méi zhuīshàng

韩信。他心想：现在人困马乏，明天再追吧。可又
Hán Xìn. Tā xīn xiǎng : Xiànzài rén kùn mǎ fá, míngtiān zài zhuī ba. Kě yòu

一转念：明天，不是更追不上了吗？
yì zhuǎnniàn : Míngtiān, búshì gèng zhuī bu shàng le ma?

皎洁的月光洒在小路上，凉风一阵阵拂面而
Jiǎojié de yuèguāng sǎ zài xiǎolùshang, liángfēng yízhènzhèn fúmiàn ér

过，舒服极了。于是，萧何又趁着月光赶了一阵路。
guò, shūfu jíle. Yúshì, Xiāo Hé yòu chènzhe yuèguāng gǎn le yízhèn lù.

不一会儿，萧何下了山坡，看见前面有一条雪
Bùyíhuìr, Xiāo Hé xià le shānpō, kànjiàn qiánmian yǒu yì tiáo xuě-

亮的河。他发现有一个人牵着马在河边走来走去。
liàng de hé. Tā fāxiàn yǒu yí ge rén qiān zhe mǎ zài hébiān zǒu lái zǒu qù.

소하는 곧바로 말을 더욱 채찍질하여 한낮이 될 때까지 계속 쫓아갔지만 한신의 그림자도 볼 수 없었고, 매우 초조해졌다.

이때 한왕은 승상이 보이지 않는 것을 알고 마음이 초조해져서 마치 두손이 잘려나간 것처럼 비통해했다.

한편 소하는 어두워질 때까지 길을 묻고 또 쫓아가고 했지만 한신을 따라잡지 못했다. 그는 생각했다. '지금 사람과 말이 다 피곤하니 내일 다시 쫓자.' 하지만 또 한편 생각했다. '내일이면 더 따라잡지 못할 것 아닌가?'

흰 달빛이 작은 길을 비추고 서늘한 바람이 얼굴에 불어와서 매우 기분이 좋았다. 그래서 소하는 또 달빛에 의지하여 길을 재촉하였다.

얼마 지나지 않아 소하는 산비탈에 도달해서 앞쪽에 반짝이는 강이 있는 것을 보았다. 그는 어떤 사람이 말을 끌고 강가에서 이리저리 왔다갔다 하는 것을 발견했다.

快马加鞭 kuài mǎ jiā biān 빨리 달리는 말에 채찍질을 하다. 더욱 속도를 내다 ┃ **心急** xīnjí 초조하다 ┃ **焚** fén 불태우다. 불타다 ┃ **斩断** zhǎnduàn 딱 자르다. 절단하다 ┃ **难过** nánguò 괴롭다. 슬프다 ┃ **一路** yílù 한편으로 ~하면서[하다] ┃ **人困马乏** rén kùn mǎ fá 사람과 말이 다 지치다 ┃ **转念** zhuǎnniàn 생각을 바꾸다 ┃ **皎洁** jiǎojié 밝고 맑다 ┃ **洒** sǎ 뿌려서 사방에 흩뜨리다 ┃ **拂面** fúmiàn 얼굴을 스쳐 지나가다 ┃ **舒服** shūfu (육체나 정신이) 편안하다. 상쾌하다 ┃ **山坡** shānpō 산비탈 ┃ **雪亮** xuěliàng (눈처럼) 빛나다. 반짝이다. 눈부시다 ┃ **牵** qiān 끌다. 잡아끌다

那不是韩信吗？萧何喜出望外地大声喊道：
Nà búshì Hán Xìn ma? Xiāo Hé xǐ chū wàng wài de dàshēng hǎn dào :

"韩将军！韩将军！"他下了马，跑到河边，说：
"Hán jiāngjūn! Hán jiāngjūn!" Tā xià le mǎ, pǎodào hébiān, shuō :

"韩将军，咱们一见如故，也算得上是朋友了。你
"Hán jiāngjūn, zánmen yí jiàn rú gù, yě suàn de shàng shì péngyou le. Nǐ

怎么不说一声，就这么走了？"
zěnme bù shuō yì shēng, jiù zhème zǒu le?"

韩信握住萧何的手，掉下了眼泪。他对萧何
Hán Xìn wòzhù Xiāo Hé de shǒu, diàoxià le yǎnlèi. Tā duì Xiāo Hé

说："我一辈子也忘不了您的情义，可汉王……"
shuō : "Wǒ yíbèizi yě wàng bu liǎo nín de qíngyì, kě Hànwáng……"

萧何点了点头，直率地说："如果大王还不听
Xiāo Hé diǎn le diǎn tóu, zhíshuài de shuō : "Rúguǒ dàwáng hái bù tīng

我劝，我们两人一块儿走，好不好？"
wǒ quàn, wǒmen liǎng rén yíkuàir zǒu, hǎo bu hǎo?"

韩信只好跟萧何回去了。
Hán Xìn zhǐhǎo gēn Xiāo Hé huíqù le.

汉王刘邦听说丞相回来了，十分高兴。可他一
Hànwáng Liú Bāng tīngshuō chéngxiàng huílái le, shífēn gāoxìng. Kě tā yì

得知萧何是去追韩信的，就把脸拉下来。
dézhī Xiāo Hé shì qù zhuī Hán Xìn de, jiù bǎ liǎn lā xiàlái.

萧何坦诚地对汉王说："大王如果想打天下，
Xiāo Hé tǎnchéng de duì Hànwáng shuō : "Dàwáng rúguǒ xiǎng dǎ tiānxià,

非用韩信不可！"
fēi yòng Hán Xìn bùkě!"

저 사람은 한신이 아닌가? 소하는 기뻐 어쩔 줄 몰라하며 외쳤다. "한 장군! 한 장군!" 그는 말에서 내려 강가로 달려가서 말했다. "한 장군, 우리는 첫 만남에 의기투합했으니 과히 친구라고 할 수 있오. 어째서 아무말도 않고 이렇게 떠났소?"

한신은 소하의 손을 붙잡고 눈물을 떨구었다.

그가 소하에게 말했다. "저는 평생토록 당신의 은혜를 잊지 못할 것입니다. 하지만 한왕께서는……."

소하는 고개를 끄덕이며 솔직하게 말했다. "만약 대왕께서 여전히 내 권고를 듣지 않으신다면 우리 두 사람이 같이 떠납시다. 어떻소?"

한신은 하는 수 없이 소하를 따라 돌아갔다.

한왕 유방은 승상이 돌아왔다는 소식을 듣고 매우 기뻤다. 하지만 그는 소하가 한신을 쫓아갔던 것이라는 걸 알고는 안색을 바꾸었다.

소하는 허심탄회하게 한왕에게 말했다. "대왕께서 만약 천하를 얻고자 하신다면 한신을 기용하지 않으면 안 됩니다!"

喜出望外 xǐ chū wàng wài 뜻밖의 기쁜 일을 만나 기뻐 어쩔 줄 모르다 ┃ **一见如故** yí jiàn rú gù 첫 대면에서 옛 친구와 같이 친해지다, 의기투합하다 ┃ **一辈子** yíbèizi 한평생 ┃ **直率** zhíshuài 솔직하다 ┃ **拉下脸** lāxià liǎn 불쾌한 표정을 하다 ┃ **坦诚** tǎnchéng 솔직하고 성실하다 ┃ **打天下** dǎ tiānxià 천하를 빼앗다, 정권을 잡다 ┃ **非……不可** fēi……bùkě 무슨 일이 있더라도 ~하지 않으면 안 된다

汉王说：“那就依你的意思，让他做个将军
Hànwáng shuō : "Nà jiù yī nǐ de yìsi, ràng tā zuò ge jiāngjūn

吧！”萧何说：“叫他做将军，还是留不住他！”汉
ba !" Xiāo Hé shuō : "Jiào tā zuò jiāngjūn, háishi liú bu zhù tā !" Hàn-

王说：“那就拜他为大将！”萧何高兴地说：“大王
wáng shuō : "Nà jiù bài tā wéi dàjiàng !" Xiāo Hé gāoxìng de shuō : "Dàwáng

真是英明！不过得隆重地举行个拜将仪式才好。”汉
zhēnshi yīngmíng ! Búguò děi lóngzhòng de jǔxíng ge bài jiàng yíshì cái hǎo." Hàn-

王同意了。汉营中传出汉王要择日子拜大将的消
wáng tóngyì le. Hànyíng zhōng chuánchū Hànwáng yào zé rìzi bài dàjiàng de xiāo-

息，跟随汉王多年的将军们都兴奋不已，认为自己
xi, gēnsuí Hànwáng duō nián de jiāngjūnmen dōu xīngfèn bùyǐ, rènwéi zìjǐ

会被拜为大将，结果到了那天，发现汉王拜的大将
huì bèi bài wéi dàjiàng, jiéguǒ dào le nàtiān, fāxiàn Hànwáng bài de dàjiàng

竟是平日被他们瞧不起的韩信。人们都惊呆了。
jìngshì píngrì bèi tāmen qiáo bu qǐ de Hán Xìn. Rénmen dōu jīngdāi le.

拜将仪式结束后，韩信给汉王分析了楚汉双方
Bài jiàng yíshì jiéshù hòu, Hán Xìn gěi Hànwáng fēnxi le Chǔ Hàn shuāngfāng

的形势，建议汉王发兵东征。汉王这时才了解到韩
de xíngshì, jiànyì Hànwáng fābīng dōng zhēng. Hànwáng zhèshí cái liǎojiě dào Hán

信的才能，越发信任萧何了。就这样，萧何月下追
Xìn de cáinéng, yuèfā xìnrèn Xiāo Hé le. Jiù zhèyàng, Xiāo Hé yuèxià zhuī

韩信，为汉王追回了一员大将。
Hán Xìn, wèi Hànwáng zhuīhuí le yì yuán dàjiàng.

后来，韩信果然屡次立功，得到汉王的赏识。
Hòulái, Hán Xìn guǒrán lǚcì lìgōng, dédào Hànwáng de shǎngshí.

한왕이 말했다. "그렇다면 그대 의견에 따라서 그를 장군으로 임명하겠소!" 소하가 말했다. "그를 장군으로 기용한다 해도 여전히 그를 붙잡아둘 수 없습니다!" 한왕이 말했다. "그렇다면 그를 대장으로 임명하겠소!" 소하는 기뻐서 말했다. "대왕은 정말 현명하십니다! 하지만 장군 임명식을 성대하게 베풀어 주셔야 합니다." 한왕이 동의했다. 한나라 군영에 한왕이 날을 잡아 대장을 임명한다는 소식이 전해지자 한왕을 여러 해 동안 따랐던 장군들이 모두 흥분을 감추지 못하고, 자신이 대장으로 임명될 것이라고 생각했다. 마침내 그날이 되어 한왕이 임명한 대장이 뜻밖에 평소에 그들에게 멸시받던 한신이라는 것을 알게 되었다. 사람들은 모두 놀라 어리둥절하였다.

장군 임명식이 끝난 뒤 한신은 한왕에게 초나라 한나라 쌍방의 형세를 분석해 보이고 한왕에게 병사를 일으켜 동쪽을 정벌할 것을 건의하였다. 한왕은 이때서야 한신의 능력을 깨닫고 더욱더 소하를 신임하게 되었다. 이렇게 소하는 달빛 아래 한신을 쫓아가서 한왕을 위해 대장군을 데리고 돌아온 것이다.

훗날, 한신은 과연 여러 차례 공을 세우며 한왕의 높은 평가를 받게 되었다.

英明 yīngmíng 뛰어나게 슬기롭고 총명하다 ㅣ **隆重** lóngzhòng 성대하다, 성대하고 장중하다 ㅣ **择** zé 선택하다, 고르다 ㅣ **跟随** gēnsuí 뒤따르다 ㅣ **兴奋** xīngfèn 흥분하다, 감격하다 ㅣ **不已** bùyǐ (~해) 마지않다 ㅣ **竟** jìng 결국, 마침내 ㅣ **瞧不起** qiáo bu qǐ 업신여기다 ㅣ **惊呆** jīngdāi 놀라 어리둥절하다 ㅣ **越发** yuèfā 더욱, 한층 ㅣ **屡次** lǚcì 여러 번, 여러 차례

四面楚歌

公元前二百多年，汉王刘邦同楚王项羽展
Gōngyuánqián èrbǎi duō nián, Hànwáng Liú Bāng tóng Chǔwáng Xiàng Yǔ zhǎn-

开了激烈的争霸战争。当时，汉王的大将韩信布置
kāi le jīliè de zhēngbà zhànzhēng. Dāngshí, Hànwáng de dàjiàng Hán Xìn bùzhì

了十面埋伏，把项羽的军队团团围困在垓下这个地
le shí miàn mái fú, bǎ Xiàng Yǔ de jūnduì tuántuán wéikùn zài Gāixià zhè ge dì-

方。项羽的兵马越来越少，粮食也快吃完了。他几
fang. Xiàng Yǔ de bīngmǎ yuèláiyuè shǎo, liángshi yě kuài chī wán le. Tā jǐ

次想带人马冲出去，可都没有成功。
cì xiǎng dài rénmǎ chōng chūqù, kě dōu méiyǒu chénggōng.

这天晚上，项羽独自坐在营帐中喝酒，他闷闷
Zhètiān wǎnshang, Xiàng Yǔ dúzì zuò zài yíngzhàng zhōng hē jiǔ, tā mèn mèn

不乐地想：现在汉兵声势浩大，我被困在这儿，军
bú lè de xiǎng : Xiànzài Hànbīng shēngshì hàodà, wǒ bèi kùn zài zhèr, jūn

中没有粮草，又无法冲出去，该怎么办呢？
zhōng méiyǒu liángcǎo, yòu wúfǎ chōng chūqù, gāi zěnme bàn ne?

사방의 초나라 노래

기원전 2백여 년, 한왕(漢王) 유방(劉邦)은 초왕(楚王) 항우(項羽)와 격렬한 패권 쟁탈전을 벌였다. 당시에 한왕의 대장 한신(韓信)은 십면 매복을 펼쳐서 항우의 군대를 해하(垓下) 지역에서 겹겹이 포위했다. 항우의 병마는 점점 적어지고 양식도 머지않아 바닥날 지경이었다. 그는 몇 차례 병사들과 말을 이끌고 뚫고 나가려 했지만 번번이 성공하지 못했다.

이날 밤 항우는 홀로 군영의 막사 안에 앉아서 술을 마셨다. 그는 마음이 답답하고 울적하였다. '지금 한나라 군대의 위세는 드세고 나는 이곳에 포위되어 있다. 군중에는 양식과 마초가 없고 또 뚫고 나갈 방법이 없다. 어떻게 해야 하나?'

争霸 zhēngbà 패권을 다투다 ┃ 布置 bùzhì 배치하다, 준비하다 ┃ 十面埋伏 shí miàn mái fú 겹겹이 매복 포위하다 ┃ 团团 tuántuán 겹겹이 ┃ 围困 wéikùn 적을 포위하여 외부와의 연락을 끊다 ┃ 冲 chōng 돌진하다, 돌파하다 ┃ 营帐 yíngzhàng 막사(幕舍) ┃ 声势 shēngshì 위풍과 기세 ┃ 浩大 hàodà (기세·규모가) 대단히 크다, 거대하다 ┃ 粮草 liángcǎo 군량과 마초

这时候，项羽宠爱的美人虞姬来到营帐里。
Zhè shíhou, Xiàng Yǔ chǒng'ài de měirén Yú Jī láidào yíngzhàngli.

她看到项羽愁眉苦脸，心里十分难受。便露出
Tā kàndào Xiàng Yǔ chóu méi kǔ liǎn, xīnli shífēn nánshòu. Biàn lùchū

笑容，安慰项羽说："将军，胜败是战争中常有的
xiàoróng, ānwèi Xiàng Yǔ shuō : "Jiāngjūn, shèngbài shì zhànzhēng zhōng chángyǒu de

事情，你何必这么烦恼呢？"
shìqing, nǐ hébì zhème fánnǎo ne?"

项羽痛苦地摇了摇头，端起一杯酒，一饮而尽。
Xiàng Yǔ tòngkǔ de yáo le yáo tóu, duānqǐ yì bēi jiǔ, yì yǐn ér jìn.

到了深夜，只听见营帐外一阵阵的西风吹得树
Dào le shēnyè, zhǐ tīngjiàn yíngzhàng wài yízhènzhèn de xīfēng chuī de shù-

枝"沙拉沙拉"地响，好像有人在抽抽噎噎地哭泣。
zhī "shālā shālā" de xiǎng, hǎoxiàng yǒurén zài chōuchōuyēyē de kūqì.

虞姬害怕极了，浑身不停地发抖。她听到风声
Yú Jī hàipà jíle, húnshēn bùtíng de fādǒu. Tā tīngdào fēngshēng-

里似乎还夹着唱歌的声音。
li sìhu hái jiā zhe chàng gē de shēngyīn.

这歌声是从汉军的营里飘来的，许多人都在唱，
Zhè gēshēng shì cóng Hànjūn de yíngli piāolái de, xǔduō rén dōu zài chàng,

而且唱的都是楚人的歌。
érqiě chàng de dōu shì Chǔrén de gē.

이때 항우가 아끼는 비(妃)인 우희(虞姬)가 막사 안으로 왔다.

그녀는 항우의 근심스러운 얼굴을 보고 마음이 매우 아팠다. 그러나 웃음을 지으면서 항우를 위로하였다. "장군, 승패는 전쟁에서는 항상 있는 일입니다. 장군께서는 어찌 이리 괴로워하시나요?"

항우는 고통스럽게 고개를 저으면서 술 한 잔을 들고 단숨에 들이켰다.

깊은 밤이 되자 막사 밖에서는 한 줄기 서풍이 나뭇가지를 사락사락 울리면서 불어오고 있었다. 마치 사람들이 흑흑 흐느끼며 울고 있는 것 같았다.

우희는 매우 두려워서 온몸이 끊임없이 떨렸다. 그녀는 바람소리 속에 노랫소리가 섞여 있는 것을 들을 수 있었다.

이 노랫소리는 한나라 군대의 군영에서 실려오고 있었으며, 많은 사람들이 노래를 부르고 있었고, 또 부르는 것은 모두 초나라 노래였다.

美人 měirén 옛날, '비(妃)' '빈(嬪)'의 칭호 │ 愁眉苦脸 chóu méi kǔ liǎn 수심에 찬 얼굴 │ 难受 nánshòu 괴롭다 │ 安慰 ānwèi 위로하다 │ 烦恼 fánnǎo 번뇌하다 │ 端 duān 두 손으로 받쳐 들다 │ 抽噎 chōuyē 흑흑 흐느끼다 │ 哭泣 kūqì 흐느끼다 │ 发抖 fādǒu 덜덜 떨다 │ 飘 piāo (바람에) 나부끼다, 흩날리다

项羽也醒了，他听到营帐外四面都是楚歌，一
下子愣住了，张着嘴，瞪大眼睛，说不出话来。

过了一会儿，项羽拉着虞姬说："这下可完了！
难道刘邦已经打下了西楚吗？怎么汉营里有这么多
楚人呢？"

其实，楚地并没有被刘邦打下来。

刘邦找人学会楚人的歌，然后教会了营中所有
兵士。他料到楚兵听到楚歌，会军心大乱，大批地
逃亡。所以，他叫人深夜唱起楚歌，并且嘱咐汉兵
不要阻拦逃跑的楚兵。

果然，歌声传到楚营后，兵士们听到家乡的歌，
都思念起了家乡，不由自主地跟着唱起来。

他们想到军队既没有粮草又没有救兵，简直是
在等待死亡，心里不安起来。

항우도 정신이 들었다. 그는 막사 밖 사방이 모두 초나라 노래인 것을 듣고 갑자기 멍해져서 입을 벌리고 눈을 크게 뜬 채 아무말도 하지 못했다.

얼마 후 항우는 우희를 붙잡고 말했다. "이번에는 끝장인가 보오! 설마 유방이 벌써 서초를 함락시켰단 말인가! 어째서 한나라 군영에 이렇게 많은 초나라 사람들이 있는 거지?"

사실 초땅은 전혀 유방에게 함락되지 않았다.

유방은 초나라 노래를 할 줄 아는 사람을 찾아서 군영 안의 모든 병사들을 가르쳤다. 그는 초나라 군대가 초나라 노래를 들으면 군대의 사기가 크게 어지러워지고 떼거리로 도망갈 것이라고 짐작했다. 그래서 그는 사람들에게 한밤중에 초나라 노래를 부르도록 하고, 또 한나라 병사들에게는 도망가는 초나라 병사를 막지 말라고 분부하였다.

과연, 노랫소리가 초나라 병영으로 전해지자 병사들은 고향의 노래를 듣고는 모두 고향을 떠올리고 자기도 모르게 따라서 노래하기 시작했다.

그들은 군대에 양식과 마초가 없고 또 구원병도 없어서 그야말로 죽기를 기다린다는 데 생각이 미치자 마음이 불안해지기 시작했다.

瞪 dèng 눈을 크게 뜨다　|　打下 dǎxià 함락시키다　|　教会 jiāohuì 가르쳐서 알도록 하다　|　军心 jūnxīn 군대의 사기　|　嘱咐 zhǔfù 분부하다　|　阻拦 zǔlán 저지하다　|　思念 sīniàn 그리워하다　|　不由自主 bù yóu zì zhǔ 자기도 모르게　|　简直 jiǎnzhí 그야말로, 완전히

而且凄凉的楚歌回响在大伙儿耳边，大家就更
Érqiě qīliáng de Chǔgē huíxiǎng zài dàhuǒr ěrbiān, dàjiā jiù gèng

不愿意呆在这儿等死。
bú yuànyì dāi zài zhèr děng sǐ.

于是他们三个一群，两个一伙儿地逃走了。连
Yúshì tāmen sān ge yìqún, liǎng ge yìhuǒr de táozǒu le. Lián

跟在项羽身边多年的将军也暗地里走了。
gēn zài Xiàng Yǔ shēnbiān duō nián de jiāngjūn yě àndìli zǒu le.

就这样，楚军彻底垮了。
Jiù zhèyàng, Chǔjūn chèdǐ kuǎ le.

当夜，项羽跨上乌骓马，带了八百个子弟兵突
Dāngyè, Xiàng Yǔ kuàshàng Wūzhuīmǎ, dài le bābǎi ge zǐdìbīng tū-

出了重围，一直跑到乌江边，结果被汉王追上。项
chū le chóngwéi, yìzhí pǎodào Wūjiāng biān, jiéguǒ bèi Hànwáng zhuīshàng. Xiàng

羽走投无路，含恨自杀了。
Yǔ zǒu tóu wú lù, hánhèn zìshā le.

刘邦四面楚歌，使项羽孤立无援，终于让楚军
Liú Bāng sìmiàn Chǔgē, shǐ Xiàng Yǔ gūlì wúyuán, zhōngyú ràng Chǔjūn

不攻自灭。"四面楚歌"的故事，就这样一代代流
bù gōng zì miè. "Sì miàn Chǔ gē" de gùshi, jiù zhèyàng yídàidài liú-

传了下来。
chuán le xiàlái.

게다가 처량한 초나라 노래가 모두의 귓가에 맴돌자 모두들 더욱이 이곳에서 죽음을 기다리고 싶지 않았다.

그래서 그들은 삼삼오오 짝을 이루어 도망쳤다. 항우 곁에서 오랫동안 따랐던 장군들까지 몰래 도망갔다.

이렇게 초군은 철저하게 무너졌다.

그날 밤 항우는 오추마(烏騅馬)를 타고 8백여 명의 친위병을 이끌고 겹겹의 포위를 뚫고 곧장 오강(烏江) 강가까지 도망쳤지만 끝내 한왕에게 추격을 당했다. 항우는 막다른 곳에 이르러 한을 품은 채 자살했다.

유방의 사면초가는 항우를 고립무원 상태로 만들고 결국 초나라 군대를 공격하지 않고 자멸하게 했다. '사면초가(四面楚歌)'라는 고사는 이렇게 대대로 전해지게 되었다.

凄凉 qīliáng 쓸쓸하다, 처량하다 ｜ 回响 huíxiǎng 메아리(치다) ｜ 呆 dāi 머무르다, 체재하다 ｜
暗地里 àndìli 암암리에, 남몰래 ｜ 彻底 chèdǐ 철저히 ｜ 垮 kuǎ 붕괴하다, 무너지다 ｜ 跨 kuà 두
다리를 벌리고 앉다 ｜ 子弟兵 zǐdìbīng 향토의 청년 병사, 친위병 ｜ 重围 chóngwéi 겹겹의 포위 ｜
走投无路 zǒu tóu wú lù 궁지에 빠지다 ｜ 含恨 hánhèn 원한을 품다 ｜ 孤立无援 gūlì wúyuán 고립
무원이다

1 **본문을 읽고 다음 물음에 답하시오.**

(1) 项庄为什么跳剑舞呢?

    A. 为了给宴会助兴

    B. 为了趁机杀害刘邦

    C. 为了保护项羽

(2) 汉王得知丞相不见了，为什么心急如焚?

    A. 萧何不告而追韩信

    B. 他以为萧何真的离开了他

    C. 萧何跟着韩信出了东门

(3) 刘邦为什么教营中兵士唱楚歌呢?

    A. 他喜欢听楚歌

    B. 为了鼓舞汉军的士气

    C. 为了杀楚军的威风

2 **녹음을 듣고 빈칸에 들어갈 말을 써 넣으시오.**

(1) 老头儿这才理了理胡子，(   )地站起来，(   )地走了。

(2) 项羽和项伯殷勤地劝酒，刘邦却(   )，不敢多喝。

(3) 项羽(   )，含恨自杀了。

3 다음 문장을 자연스러운 우리말로 옮기시오.

(1) 老头儿身穿一件土黄色的粗布大褂，搭拉着腿坐在桥头上。一只脚一上一下地晃荡着，那只鞋拍着脚底心，像打拍子似的。

➡

(2) 我早劝项王杀了刘邦，免得以后他跟项王争夺天下，可现在项王对刘邦这么宽容，怎么办？

➡

4 다음 문장을 자연스러운 중국어로 옮기시오.

(1) 군영에 아무 오락이 없으니 제가 검무를 추어 대왕의 흥을 돋우겠습니다!

➡

(2) 흰 달빛이 작은 길을 비추고 서늘한 바람이 얼굴에 불어와시 매우 기분이 좋았다.

➡

1 (1) B　　　　　(2) C　　　　　(3) A

2 (1) 狼狈　　　　(2) 垂头丧气，懒洋洋地

(3) 急中生智

3 (1) 주유왕은 금세 이 여자에게 매료되어 하루종일 포사를 데리고 놀며, 국가대사는 더욱 신경 쓰지 않게 되었다.

(2) 제환공은 분해서 이를 갈며 관중에게 말했다. "모든 것이 내가 그를 경솔히 믿어 그의 계략에 넘어간 탓이요. 이제 어쩌면 좋겠소?"

4 (1) 天色越来越暗，刺骨的北风卷着黄沙呼呼地刮着。

(2) 我们国君听到将军要来郑国，特派我送上薄礼，慰劳将士，略表心意。

1 (1) B　　　　　(2) C　　　　　(3) C

2 (1) 罢休，紧逼　　(2) 安睡，愁白

(3) 自己免罪，贪图赏赐

3 (1) 진나라 군대는 진문공의 지휘 하에 초나라 군대의 후미를 끊고 초나라 군의 앞뒤에서 협공하여 풍비박산 나게 도륙하여 대부분이 죽거나 다쳤다.

(2) 오자서는 한동안 아연해졌다가 저도 모르게 긴장을 하였다. 그는 급히 몸을 돌리고 당황해하며 말했다. "노인장 사람을 잘못 봤소, 난 오씨가 아니오.

4 (1) 只见两军遥遥相对，好像密密层层的乌云遮住了整个天空，随时都会有狂风暴雨来临。

(2) 你们给我搜！即使挖地三尺，也要给我找出赵家的后代！

1 (1) B　　　　　(2) C　　　　　(3) A

2 (1) 心甘情愿　　　(2) 情不自禁, 吓成

(3) 破破烂烂

3 (1) 그는 양 다리를 살짝 쪼그리는가 싶더니 두손으로 나무토막을 감싸안고 순식간에 어깨에 올렸다.

(2) 주인께서 여러분의 생활이 어려운 것을 가련하게 여겨 결정하시었다. 정말로 빚을 갚을 능력이 없는 사람들은 일률적으로 면제한다!

4 (1) 国家要富强, 必须注重农业生产, 奖励将士; 治国必须有赏有罚。

(2) 话还没说完, 无数支箭就像倾盆大雨, 从四面八方射来。

1 (1) C　　　　　(2) A　　　　　(3) A

2 (1) 面如土色　　　(2) 默默无闻, 引人注意

(3) 残暴昏庸, 心狠手辣

3 (1) 연합을 할 지 안 할 지 두세 마디면 끝날 일입니다. 어째서 아침부터 지금까지 회담을 하면서 이리도 긴 시간동안 담판을 짓지 못하는 겁니까?

(2) 모두 사사로이 소장한 『시경』, 『서경』 및 백가의 말을 담은 서적은 전부 위에 바쳐 태워버려야 하며 그렇지 않을 경우 사형에 처한다.

4 (1) 诬婆上了年纪, 不重用, 麻烦弟子去催一催吧。

(2) 秦二世愣了一下, 他也不知道赵高的葫芦里卖的什么药。

1 (1) B   (2) B   (3) C

2 (1) 慢吞吞，大摇大摆

(2) 提心吊胆   (3) 走投无路

3 (1) 노인은 황토색의 무명 두루마기를 입고 있었고 다리를 축 늘어뜨린 채 다리 어귀에 앉아 있었다. 한쪽 다리는 위 아래로 흔들고 신발로 발바닥 가운데를 때리는 것이 마치 박자를 맞추는 것 같았다.

(2) 내가 일찍이 항왕에게 유방을 죽여서 이후에 유방과 천하를 다투는 일이 없도록 하라고 충고했는데, 지금 항왕이 유방을 이렇게 너그럽게 대하니 어떻게 해야 하나?

4 (1) 军营里没有什么娱乐，请让我舞剑为大王助兴!

(2) 皎洁的月光洒在小路上，凉风一阵阵拂面而过，舒服极了。